Anticoncepción versus aborto

Anticoncepción versus aborto
Serie Vida Sexual con Valores
Grado 9

Rocío Cartagena Garcés

www.librosenred.com

Dirección General: Marcelo Perazolo
Ilustraciones: Victoria Vidal y Gricelio Martin
Diseño de cubierta: Patricio Olivera

Está prohibida la reproducción total o parcial de este libro, su tratamiento informático, la transmisión de cualquier forma o de cualquier medio, ya sea electrónico, mecánico, por fotocopia, registro u otros métodos, sin el permiso previo escrito de los titulares del Copyright.

Primera edición en español - Impresión bajo demanda

© LibrosEnRed, 2022
Una marca registrada de Amertown International S.A.

ISBN: 978-1-62915-520-3

Para encargar más copias de este libro o conocer otros libros de esta colección visite www.librosenred.com

Naces de la sexualidad, creces y te desarrollas por la energía vital que de ella tomas; su fuerza creadora te conduce más allá de donde te es posible esparcir tus semillas y ser responsable por ellas; y mueres, cuando esa energía vital trasciende y abandona tu cuerpo.

Justificación taller grado 9

Conducir a la sociedad hacia una vida más humana y sin abortos exige enseñar a los adolescentes la opción de la anticoncepción porque la lucha contra el impulso de nuestra naturaleza sexual (causa y símbolo de la vida) es algo tan difícil como antinatural ya que implica renunciar a la mitad de nuestra esencia y es por esto que tal vez solo unos pocos son capaces de renunciar a la sexualidad, y mucho menos en su despertar con la llegada de la adolescencia, etapa en la que la reflexión y la toma de consciencia tienen poca cabida.

La tendencia de los jóvenes de hoy, más que antes, viene demostrando que han perdido su originalidad en todos los campos.

- Las modas en su vestir y casi todos sus gustos y estilos de vida les son impuestos externamente, promocionados por estereotipos manipulados por personajes ocultos tras las grandes industrias de ropa, calzado, perfumes, cosméticos y accesorios de todo tipo, generándoles sensaciones de carencia e insatisfacción mientras aquellos llenan sus arcas, rotando y manipulando las modas según su conveniencia.
- Las marcas de cigarrillos, licores y otros similares, las promocionan en dirección de los cuatro puntos cardinales capturando incautos que se creen grandes por asumir conductas que ni siquiera para los adultos son convenientes porque atentan contra la salud y por ende contra la vida.
- Los modelos de belleza se importan, se exportan y se venden en los quirófanos, despertando en los adolescentes inconformidad por sus cuerpos y socavando con ello su autoestima, sus valores y generando rechazo por sus propios estilos de vida.
- A lo anterior hay que agregar las imágenes erótico-pornográficas que de todo tipo promocionan a supermodelos sexuales con los que hacen soñar y fantasear a nuestros adolescentes, pero que son sacados de otra realidad: perfectos, insaciables, complacientes, invulnerables, dioses y diosas del amor capaces de crear y complacer cualquier fantasía sexual, pero que en nada se compadecen con los modelos de carne y hueso que somos en cada "realidad" y que, por lo tanto, los induce a cambiar esos modelos una y otra vez en pro de esa otra realidad que sólo vive en su imaginación y que por lo mismo es imposible de saciar. Este asedio de imágenes

llegadas por todos los medios masivos de comunicación, ajenos al control de autoridades, padres de familia y docentes, no sólo le roba a los adolescentes la posibilidad de soñar, crear, vivir, disfrutar y enfrentar sus propias necesidades y fantasías sexuales sino que les introyecta conductas ideales de necesidad, tan deseables como difíciles de complacer, que los empujan a una permanente búsqueda que no logra satisfacerlos porque no les pertenece y sólo existen en el mundo de una importada fantasía que considera propia, que de igual forma los coloca frente a la cruel realidad de los embarazos no deseados y frente a enfermedades de transmisión sexual.

¿Cómo apaciguarles su estado de insatisfacción si no los hemos colmado de autoestima? ¿Cómo borrarles su ideal sexual imaginario/fantasioso si no los hemos acompañado a entender y a enfrentar su propia realidad?

Si no nos fue posible llegarles a tiempo con el mensaje de los valores como escudo que los protegiera de la avalancha de imágenes erótico-pornográficas, distorsionadas y alejadas de su realidad y en extremo perturbadoras, presentémosles la alternativa de la anticoncepción para que no se degraden más en la nueva forma de deshumanización que significa el aborto o se ahoguen en sus sentimientos de insatisfacción, pero a su vez de culpa, por los daños ocasionados a otros a través del aborto y sus funestas consecuencias en las jóvenes que lo practican.

Malla curricular

Período 1

Competencias (Ser-Saber-Hacer)	Logros	Contenidos El respeto a la vida
Deduce las acciones e implicaciones de la anticoncepción y el aborto	Deduzco las implicaciones de los términos anticoncepción y aborto a la luz de la razón y la conciencia social	Posturas frente a la anticoncepción
Reconoce la importancia de la anticoncepción cuando hay pocas garantías de vida digna	Infiero el porqué de la anticoncepción en un contexto social en el que existen pocas posibilidades de llevar y ofrecer una vida digna a la que está llamado todo ser humano	Sentido de la anticoncepción
Clasifica los métodos anticonceptivos en naturales y artificiales	Identifico los diferentes métodos anticonceptivos y los clasifico en naturales y artificiales	Métodos anticonceptivos
Valora o precisa la eficacia de los métodos anticonceptivos naturales	Valoro la eficacia de cada método anticonceptivo natural, a efectos de orientar mi decisión respecto de su conveniencia para mí, si hiciera uso de ellos	Métodos anticonceptivos naturales

Valora o precisa la eficacia de los métodos anticonceptivos hormonales	Valoro la eficacia de cada método anticonceptivo hormonal y sus implicaciones en mi salud, a efectos de orientar mi decisión respecto de su conveniencia para mí, si hiciera uso de ellos	Métodos anticonceptivos hormonales

Período 2

Competencias (Ser-Saber-Hacer)	Logros	Contenidos El respeto a la vida
Valora o precisa la eficacia de los métodos anticonceptivos de barrera	Valoro la eficacia de cada método anticonceptivo de barrera y sus implicaciones en mi salud, a efectos de orientar mi decisión respecto de su conveniencia para mí, si hiciera uso de ellos	Métodos anticonceptivos de barrera
Valora la conveniencia y eficacia de los métodos anticonceptivos quirúrgicos	Valoro la conveniencia de cada método anticonceptivo quirúrgico o definitivo y sus implicaciones en mi salud, a efectos de orientar mi decisión, si hiciera uso de ellos	Métodos anticonceptivos quirúrgicos
Reflexiona acerca del valor de la vida y expresa sus puntos de vista	Reflexiono una vez más acerca del valor de la vida, leyendo del libro de Oriana Fallaci, "Carta a un niño que no llegó a nacer", el párrafo que inicia así: "Mi madre no me quería, ¿sabes? …" y que termina diciendo: "Termino por exclamar que nacer es mejor que no nacer"	El valor de la vida
Da respuesta y expresa inquietudes frente al aborto	Dilucido interrogantes frente al libro de Oriana Fallaci, doy respuestas y expreso inquietudes que surgen de su lectura	Consideraciones personales
Identifica las causas del aborto espontáneo	Identifico las causas que determinan un aborto espontáneo	Causas del aborto espontáneo

Período 3

Competencias (Ser-Saber-Hacer)	Logros	Contenidos El respeto a la vida
Analiza las circunstancias establecidas a favor del aborto quirúrgico	Analizo las razones personales, sociales y legales que se han argumentado a favor de legalizar el aborto inducido o provocado	Despenalización del aborto
Reflexiona acerca de lo investigado sobre la vida intrauterina y lo que implica ser abortado	Reflexiono sobre la base de investigaciones acerca de las experiencias del feto en su vida intrauterina y lo que puede experimentar con la amenaza y vivencias del aborto	Experiencias del feto en la vida intrauterina
Entiende las secuelas psicológicas de las madres que han vivido el aborto	Entiendo las secuelas psicológicas del aborto sobre la base de investigaciones y experiencias de las madres que han enfrentado este proceso	Experiencias post aborto
Toma consciencia sobre las distintas formas de practicar un aborto y analizo el impedimento de conciencia del personal médico	Consulto, escribo, e ilustro las siete principales formas de practicar un aborto Reflexiono sobre el impedimento de conciencia del personal médico frente al aborto	Siete procedimientos para llevar a cabo el aborto El juramento hipocrático y el impedimento de conciencia

Período 4

Competencias (Ser-Saber-Hacer)	Logros	Contenidos El respeto a la vida
Revisa y evalúa sus avances en el proyecto de vida	Reviso y complemento mi proyecto de vida	Avances en mi proyecto de vida
Deduce su nivel de logros alcanzados en el área o asignatura	Evalúo mis avances en el área, realizando la sopa de letras propuesta	Evaluación del taller
Realiza y analiza la lectura final		Lectura final
Se autoevalúa a partir de los parámetros establecidos		Evaluación general

Logros

1. Leo y comprendo el contenido de la carta a los estudiantes y realizo las actividades propuestas, con la ayuda de mis padres o sustitutos y docente.
2. Leo, analizo y comento el mensaje sobre mi quehacer como hijo (a), estudiante y ciudadano (a), haciendo especial énfasis en el numeral 8 y escribo lo comentado.
3. Retroalimento los contenidos del taller grado 8 y confronto mis respuestas.
4. Deduzco las implicaciones de los términos anticoncepción y aborto a la luz de la razón y la conciencia social.
5. Infiero el porqué de la anticoncepción en un contexto social en el que existen pocas posibilidades de llevar y ofrecer una vida digna a la que está llamado todo ser humano.
6. Identifico los diferentes métodos anticonceptivos y los clasifico en naturales y artificiales.
7. Valoro la eficacia de cada método anticonceptivo natural, a efectos de orientar mi decisión respecto de su conveniencia para mí, si hiciera uso de ellos.
8. Valoro la eficacia de cada método anticonceptivo hormonal y sus implicaciones en mi salud, a efectos de orientar mi decisión respecto de su conveniencia para mí, si hiciera uso de ellos.
9. Valoro la eficacia de cada método anticonceptivo de barrera y sus implicaciones en mi salud, a efectos de orientar mi decisión respecto de su conveniencia para mí, si hiciera uso de ellos.
10. Valoro la conveniencia de cada método anticonceptivo quirúrgico o definitivo y sus implicaciones en mi salud, a efectos de orientar mi decisión, si hiciera uso de ellos.
11. Reflexiono una vez más acerca del valor de la vida, leyendo del libro de Oriana Fallaci, "Carta a un niño que no llegó a nacer", el párrafo que inicia así: "Mi madre no me quería, ¿sabes? ..." y que termina dicien-

do: "Termino por exclamar que nacer es mejor que no nacer".
12. Dilucido interrogantes frente al libro de Oriana Fallaci, doy respuestas y expreso inquietudes que surgen de su lectura.
13. Identifico las causas que determinan un aborto espontáneo.
14. Analizo las razones personales, sociales y legales que se han argumentado a favor de legalizar parcialmente el aborto inducido o provocado.
15. Reflexiono sobre la base de investigaciones acerca de las experiencias del feto en su vida intrauterina y lo que puede experimentar con la amenaza y vivencias del aborto.
16. Entiendo las secuelas psicológicas del aborto sobre la base de investigaciones y experiencias de las madres que han enfrentado este proceso.
17. Consulto, escribo e ilustro las siete principales formas de practicar un aborto.
18. Reflexiono sobre el impedimento de conciencia del personal médico.
19. Reviso y complemento mi proyecto de vida.
20. Evalúo mis avances en el área realizando la sopa de letras propuesta.

Metodología

A través del educador sexual o del docente con función de orientador[1] o, en su defecto, a través del director de grupo[2], en una reunión mensual de una hora (o más de ser posible)

---

[1] Cargo propuesto como parte de la conformación del comité escolar de convivencia, citado en el artículo 12 de la Ley 1620 de 2013 " de Colombia por la cual se crea el sistema nacional de convivencia escolar y formación para el ejercicio de los derechos humanos, la educación para la sexualidad y la prevención y mitigación de la violencia escolar".

[2] Sería una opción recomendable bajo el entendido de que el

que podría realizarse en el horario correspondiente a la clase semanal de educación sexual[3], la institución escolar presentará a los padres de familia el derrotero de las tres clases restantes del mes, a efectos de:

<u>Sensibilizarlos</u> en cuanto a actitudes y comportamientos deseables como padres con el fin de evitar contradicción entre ellos y la institución escolar.

<u>Analizar</u> con ellos la problemática que surja en torno a los temas propuestos para que las clases se puedan abordar con unidad de criterio.

<u>Aclararles</u> dudas sobre procedimientos y escuchar sus sugerencias, pero sobre todo motivarlos a abordar al niño, niña y adolescente con la verdad, entendiendo y aceptando que los padres NO SOMOS DIOSES sino seres humanos y que es preciso reunir el valor suficiente para enfrentar la verdad en temas sensibles como la concepción, el nacimiento, la ausencia de un padre y del apellido de este, la adopción, entre otros. Si reconocemos y asumimos nuestro derecho a equivocarnos y a cometer errores, evitaremos que en el futuro caiga la "máscara de santidad" que hemos llevado ante nuestros hijos y que con ella se vaya la confianza, el respeto y la credibilidad que hemos pretendido mostrar como modelos dignos de imitar o como ejemplo de autoridad moral.

Estas reuniones son muy necesarias especialmente desde preescolar hasta grado 9 de educación básica pues se trata de grados en los que se abordan los temas más álgidos de la vida sexual. Además, tales reuniones representan una oportunidad que los padres deben aprovechar para que, por lo menos con su disposición y buena actitud, apoyen este proceso que, quiérase

---

director de grupo tiene mayor empatía y carisma con sus alumnos y mayor acercamiento con los padres de ellos.

[3] Es una propuesta, pero sería ideal una alternativa más favorable programada para facilitar la asistencia de los padres y lograr la mayor concurrencia posible en horarios más convenientes para ellos.

o no, es necesario abordar por el bien de los (las) niños (as), los adolescentes y por ende de las generaciones futuras.

El hecho de sugerir especial acompañamiento hasta el grado 9º no significa que los padres deban abandonar el proceso allí. Continuar hasta grado 11 es conveniente porque sus hijos, adolescentes todavía, siguen siendo sus protegidos y porque los padres recibirán elementos valiosos que les permitirá evaluarse como tales y revisar incluso sus propias relaciones de pareja.

Procedimiento

Desde grado 0 hasta grado 3:
Desde preescolar hasta cuando el (la) niño (a) domine la lectura y la escritura, en el grado 3 aproximadamente, en forma posterior a la etapa de orientación del tema por parte del docente, se recomienda que sean los padres o sustitutos

o cuidadores quienes lean y motiven una nueva reflexión por parte del niño (a) o estimulen, por medio de preguntas, la narración de lo aprendido en la escuela. Una vez captada la atención y verificado el estado del aprendizaje, deben aclararle algún aspecto que se considere necesario. Finalmente, hacerle las preguntas propuestas en el taller y **trascribirle** las respuestas tal como el (la) niño (a) las comprendió y expresó, sin hacerle cuestionamientos que lo desmotiven e incomoden. Cuando por alguna razón los padres o sustitutos no puedan hacer este acompañamiento, se recomienda delegarlo en una persona de su entera confianza con quien también el (la) niño (a) se sienta a gusto. Lo esencial es: no dejarlos solos frente a este proceso, generarles confianza y permitirles que posteriormente se enfrenten a su propio nivel evolutivo en la medida en que sus cuerpos se desarrollan y sus percepciones e ideas maduran. En algunos ejercicios en los que las respuestas son específicas, el (la) profesor (a) debe estar especialmente atento (a) a que se consignen las respuestas correctas, a efectos de que los padres dispongan de una adecuada guía para sí mismos o para aclarar dudas a sus hijos en caso de ser necesario.

Desde grado 4 en adelante:

Superada la primera etapa de grado 0 a grado 3, según cada individualidad, acompañar a los hijos en las tareas hasta cuando los padres tengan plena confianza en la institución respecto del trabajo propuesto en los talleres o hasta cuando los (as) niños (as) lo soliciten o acepten, pues imponerles nuestra presencia a partir de que los niños hayan superado cierta edad, grado de madurez o independencia, es violatorio de su privacidad. Hay que permitir que el niño o niña comunique sólo lo que el grado de confianza que tiene en los padres le permita y continuar el acompañamiento al proceso desde la institución escolar pues este apoyo seguirá siendo crucial tanto para la institución, como para los estudiantes y para los padres de familia.

Vale la pena aclarar la idea final sobre la confianza que los padres de familia deben inspirar a sus hijos, por tratarse de algo tan fundamental no solo como mecanismo de protección de estos últimos, sino también como apoyo a la concertación entre todos. A este respecto es primordial que los padres se apoyen en el numeral 1.2 del libro *Orientación sexual desde el hogar y la escuela* (que forma parte de esta serie) sobre los valores del diálogo y el respeto como mecanismo para construir confianza y es muy prudente y conveniente que consideren también el grado de responsabilidad y respeto que demuestran como adultos porque con ello inciden significativamente en la formación de los hijos, al ser su ejemplo permanente.

Evaluación

A menos que se legisle algo diferente, la evaluación como elemento de cotejo de la superación de los logros propuestos y de validación de las competencias a desarrollar como consecuencia de ello, debe ser permanente y no limitarse a pruebas escritas, aunque también deba contenerlas. Toda acción que evidencie compromiso, responsabilidad y actitud positiva hacia la asignatura se constituye en elemento de evaluación. Esto incluye la presentación oportuna de trabajos de consulta, la participación en clase, el desarrollo de las propuestas del taller, la elaboración de carteles y carteleras, lo mismo que los cambios positivos en el comportamiento producto de la interiorización y vivencia de valores y contenidos, entre otros.

Simbolizar y/o representar por escrito el resultado de la evaluación o diagnóstico del nivel de logros alcanzados demostrables a través de competencias y traducirlo a una calificación expresada en números, letras o palabras, debe ser materia de discernimiento del consejo académico, quien decidirá también si una calificación insuficiente (I) en letras o su equivalente en número, es objeto o no de recuperación, nivelación o repetición de la asignatura o área. Repetir es lo deseable en caso tal para imprimirle importancia y seriedad a la asignatura. Queda aclarar que sin la asimilación de logros en las estructuras mentales no es posible el desarrollo de competencias o demostraciones visibles en la solución de problemas de la vida diaria, cuantificables a través de calificaciones o notas.

Observación:

Se pretende que los talleres de educación sexual, a diferencia de otros materiales educativos, se conviertan en objeto de reflexión permanente y personal que permitan la confrontación de ideas y posiciones según el grado de evolución - maduración de la niñez a la adultez. Por lo tanto, no están diseñados para ser reutilizables.

Es recomendable que a todo alumno que proceda de una institución escolar que no haya venido trabajando este proceso orientador, se le proporcionen las preguntas de recapitulación del grado o grados pendientes, para su consulta y sustentación, de modo que se ponga al día, aunque sea parcialmente, mientras el área toma cobertura a nivel nacional y, apoyada en ética y valores humanos, pase a ser amparada por la legislación que determina las áreas fundamentales.

Mensajes a los estudiantes

1.1 Carta a los estudiantes

LOGRO 1. Leo y comprendo el contenido de la carta a los estudiantes y realizo las actividades propuestas con la ayuda de mis padres ó sustitutos y docente.

Queridos niños, niñas y jóvenes estudiantes:

Ustedes son el presente y futuro de nuestro país. Son nuestro presente porque: sin ustedes, niños, niñas y jóvenes, la dura tarea por salir adelante y construir un mundo mejor perdería todo sentido para muchos seres humanos en el mundo. Por una vida más digna para ustedes es que han nacido las pequeñas y grandes empresas. Por ustedes, los obreros y campesinos venden su última gota diaria de sudor y le arrancan los frutos a la tierra. Son ustedes quienes a diario motivan la vida misma y encienden los ánimos que dan inicio a la tarea de muchos padres y madres de familia en procura de que no les falte alimento, vestido, vivienda, salud y educación, aunque para muchos de ellos su sobrehumano esfuerzo no sea suficiente para proporcionarles todo lo que les nace del corazón, o al menos lo que demanda el sentido común, o ni siquiera lo que exigen las mínimas condiciones de supervivencia.

Como motivadores del quehacer de sus padres y de todo lo que ello significa, están llamados a corresponder todo este esfuerzo, preparándose responsablemente para relevarnos a futuro en la tarea de construir una sociedad más incluyente, más equitativa, más justa, más cimentadora de valores y por tanto más respetuosa de los derechos humanos. Para no ser inferiores a la tarea de ser constructores de futuro, dado que de ustedes depende el futuro mismo, deben, cada uno en forma individual pero simultánea, emprender dos grandes tareas.

La primera gran tarea se refiere a tu período estudiantil y se trata de que comprendas y aceptes que asistes a una etapa de preparación, que es indispensable para poder enfrentar tu vida de adulto (a) con éxito, pero por sobre todo, con calidad humana. Ello implica que debes formarte o educarte integralmente, haciendo especial énfasis en el afianzamiento de valores como el respeto, la autoestima, el diálogo y la responsabilidad, garantes de otros valores y derechos, como aprender a respetarnos si todavía no hemos aprendido a dialogar. Sin

embargo, para formarte en valores, es indispensable que ayudes a tus padres y profesores a cumplir con su difícil pero inherente tarea de formadores y en vista de ello, debes desarrollar dos actividades:
- La primera actividad, es estar muy atento (a) a todas las buenas acciones de padres y maestros y a todos sus buenos ejemplos, en procura de que los aprendas y los pongas en práctica: saludar, dar las gracias, compartir, cooperar, dialogar, tratar cordialmente a las personas, cumplir obligaciones y promesas, entre otros.

- La segunda actividad es valerte de un medio muy constructivo y eficaz para relacionarte con los adultos en los eventos difíciles y críticos con ellos. Cuando los comportamientos de tus padres y profesores lastimen tu amor propio o autoestima, o cuando hieran tu dignidad con gritos, palabras ofensivas u otros comportamientos inapropiados, que de hecho no debes imitar, haz lo siguiente: diles con ternura y con todo el respeto de que seas capaz, diles, repito, cuánto han lastimado tu autoestima, lo mal que te han hecho sentir y cuánto han herido tus sentimientos. Para ello debes valerte de escritos, de mensajes tiernos en donde además les comuniques que los valoras y amas, y que les agradeces las cosas buenas que hacen por ti.

Las dificultades por las que atraviesan los (las) niños (as) y los (las) jóvenes, son experiencias que muchos adultos hemos olvidado. Por tanto, en procura de construir una sociedad más humana en donde se formen y se vivan los valores, es pertinente que con ternura y respeto nos lo recuerden, como una especial invitación a la reflexión y al diálogo.

La segunda gran tarea, es que practiques en todo momento y en todo lugar, todos los valores que vayas aprendiendo. Un significativo número de personas en el mundo eligen organizar su vida en pareja, una vez han llegado a la edad adulta y han definido por lo menos en parte su situación económica. Este espacio de convivencia, en donde con frecuencia hacen su entrada los hijos, es un espacio especial para practicar valores, como única forma que existe para aprenderlos e interiorizarlos. Si organizarte en pareja no llega ser tu caso, recuerda que, en cada persona mayor, no necesariamente adulta, hay un maestro, porque siempre habrá un niño (a) u otro alguien presto a imitarlo; es decir, siempre habrá alguien que siga tu ejemplo.

De lo anterior se deduce que: enseñar o emplear constructivamente lo que aprendas sobre la base de los valores humanos, es lo que te hará un (a) futuro (a) constructor (a) de un mundo mejor.

Anticoncepción versus aborto

Al presentarte la serie "Vida Sexual con Valores", pretendo que encuentres en ella, de manera progresiva y según tu grado de escolaridad, el verdadero sentido y alcance de tu vida sexual y los trascendentales valores y compromisos que ella encierra, para que apoyado (a) en la información, reflexiones y te prepares para vivirla plena pero responsablemente, seguro (a) de que de esta manera harás el más significativo aporte a la construcción de un mundo mejor. Espero desde el corazón que año tras año adquieras la serie, la revises periódicamente y confrontes tus respuestas, y que la cuides para que obtengas de ella el máximo provecho para ti y a favor de otros.

Actividad:

Con la ayuda de los contenidos vistos y de la carta a los estudiantes:

¿La gradualidad de los contenidos presentados en los talleres están de acuerdo a mi nivel de comprensión y desarrollo físico, psicológico o emocional? _____ Sustento mi respuesta:

¿Cuál es mi más significativo aporte a la construcción de un mundo mejor?

¿Qué es para ti vivir la vida sexual de manera responsable?

1.2 Mi quehacer como hijo, estudiante y ciudadano

LOGRO 2. *Leo, analizo y comento el mensaje sobre mi quehacer como hijo (a), estudiante y ciudadano (a), haciendo especial énfasis en el numeral 8 y escribo lo comentado*

Mis logros académicos o mis triunfos personales carecerán de sentido si no practico estas diez mínimas normas de convivencia.

- 1.2.1. Cuido, respeto y protejo mi cuerpo.
- 1.2.2. Respeto el cuerpo, las diferencias y las pertenencias ajenas.
- 1.2.3. Cuido y hago uso adecuado de mis pertenencias, las cuales recibo del afecto y del esfuerzo de mis padres.
- 1.2.4. Reconozco y valoro los bienes colectivos y hago uso adecuado de ellos.

- 1.2.5. Consumo con gratitud y racionalidad los alimentos que mis padres me proporcionan con esfuerzo y amor.
- 1.2.6. Aprovecho responsablemente la oportunidad de estudiar que me brindan mis padres en aras del respeto a mi derecho fundamental a la educación.
- 1.2.7. Trato con respeto, amor y gratitud a mis padres y maestros.
- **1.2.8. Trato con respeto y consideración a todos los seres humanos en reconocimiento de su dignidad como personas.**
- 1.2.9. Ayudo a la formación de mi responsabilidad cooperando con el bienestar de mi hogar y cumpliendo mis tareas y demás compromisos.
- 1.2.10. Cuido, respeto y protejo la naturaleza como único bien que garantiza la supervivencia de la raza humana.

Leo y comento el decálogo de mi quehacer como hijo, estudiante y ciudadano, haciendo especial énfasis en el numeral 8, el que transcribo y comento con un compañero (a).

Trascripción:

Comentario:

¿Qué aprendizaje especial me deja este mensaje para la vida diaria?

Autoevaluación

La autoevaluación, revisión personal o auto valoración de los resultados de tu desempeño académico, a partir de considerar los éxitos parciales o totales respecto de los logros propuestos, se fundamenta en tu propia reflexión crítica y honesta sobre tu quehacer como estudiante.

Ser un buen auto observador de tu desempeño exige tener parámetros o puntos de referencia y reconocer tu grado de respeto y cumplimiento de ellos. Estos parámetros pueden ser:

- Participación en clase preguntando, respondiendo o dando opiniones
- Manifestación de respeto por el trabajo y las opiniones de compañeros (as) de clase
- Repaso frecuente del contenido de cuadernos y anotaciones cuando no se tiene dominio de ellos o hay evaluación
- Cumplimiento de todas las tareas complementarias
- Diligencia y orden en la toma de apuntes, posibilitando mayor comprensión del área
- Uso productivo del tiempo en ausencia del profesor
- Mejoramiento de comportamientos como consecuencia de lo aprendido
- Preocupación e interés por buscar asesoría frente a dudas e inquietudes
- Comprensión y superación del nivel de logros
- Verificación de la interiorización y práctica constante de los valores aprendidos

¿Deseas agregar algún parámetro, hacer comentarios o aclarar algo?

De la forma diligente o no como vigiles el cumplimiento de estos parámetros, pero en especial de la forma sincera como respondas a ellos cada que te auto evalúes, saldrá la auténtica respuesta a tus progresos. Guiarte por estas directrices o pautas de auto observación para lograr una adecuada autoevaluación te dejará bien claro en qué no cumpliste y entonces: ¿qué reclamar, si tú mismo (a) descubres tu grado de responsabilidad en ello?

Reviso o evalúo mis logros en relación con mi quehacer como hijo, estudiante y ciudadano y los califico mediante una autoevaluación crítica y honesta, como D, I, A, B o E,[4] señalando con una "X" en la columna correspondiente según la forma, responsable o no, en que vengo practicando estas directrices. Antes de responder recuerdo o visualizo los momentos en los cuales los llevo a cabo.

Mi quehacer como hijo, estudiante y ciudadano	D	I	A	B	E
Cuido, respeto y protejo mi cuerpo					
Respeto el cuerpo, las diferencias y las pertenencias ajenas					
Cuido y hago uso adecuado de mis pertenencias, las cuales recibo del afecto y del esfuerzo de mis padres					
Reconozco y valoro los bienes colectivos y hago uso adecuado de ellos					
Consumo con gratitud y racionalidad los alimentos que mis padres me proporcionan con esfuerzo y amor					
Aprovecho responsablemente la oportunidad de estudio que me brindan mis padres en aras del respeto a mi derecho fundamental a la educación					
Trato con respeto, amor y gratitud a mis padres y maestros					
Trato con respeto y consideración a todos los seres humanos en reconocimiento de su dignidad como personas					
Ayudo a la formación de mi responsabilidad cooperando al bienestar de mi hogar y cumpliendo mis tareas y demás compromisos					
Cuido, respeto y protejo la naturaleza como único bien que garantiza la supervivencia de la raza humana					

D: Deficiente, I: Insuficiente, A: Aceptable, B: Bueno, E: Excelente

---

[4] O su equivalente en el sistema de calificación que se emplea por el plantel educativo

Si todos cumplimos adecuadamente estas diez pautas de convivencia tendremos un mundo mejor para vivir.

2. Refuerzo taller nº. 8

LOGRO *3. Retroalimento los contenidos del taller grado 8 y confronto mis respuestas*

- 2.1. Elaboramos, en equipos según criterio del docente, un breve resumen sobre lo que entendimos por salud, por salud sexual y reproductiva, y la diferencia entre enfermedad congénita y adquirida, apoyados en taller 8.

Salud:

Salud sexual y reproductiva:

Diferencia entre enfermedad congénita y enfermedad adquirida:

- 2.2. Elaboramos, en equipos según orientación del docente o preferencia, una cartelera que hable de cuatro (4) de las enfermedades que afectan directamente las funciones sexuales y reproductivas.
- 2.3. Elaboro un cuadro o cartel que ilustre cinco (5) enfermedades adquiridas que presumo o sé que tienen que ver con estilos de vida nocivos y las socializo.
- 2.4. Elaboramos un cartel, en equipos de 2 a 3 estudiantes, con una enfermedad de transmisión sexual asignada o elegida y escribimos en este los datos que más la caracterizan, incluyendo una medida de prevención. Lo exhibimos en un lugar apropiado.
- 2.5. Elaboro un cartel con lo fundamental para prevenir el VIH-Sida y lo exhibo en mi casa o habitación.
- 2.6. Reflexiono, con el apoyo de un compañero (a), en torno a la siguiente frase: "Tomo consciencia acerca de la urgente necesidad que tenemos los adolescentes y jóvenes de llevar una vida sexual sana y responsable, y por lo tanto segura" Escribo una conclusión.

- 2.7. Escribo un comentario, una experiencia o una reflexión sobre cuatro variaciones de la conducta sexual humana, recordando que son parte de la individualidad y que merecen respeto. Así mismo, tengo en cuenta que es mi derecho elegir o asumir la forma de expresar o vivenciar mis demandas o fantasías sexuales, siempre que no dañe a otro, vulnerando este mismo derecho.

Recuerdo siempre que mi derecho a asumir mi vida sexual según mis preferencias o necesidades me exige respetar las preferencias sexuales ajenas porque todo derecho conlleva un deber.

Lo bueno, lo conveniente o gratificante para mí, jamás debe dañar a otros y de ahí la necesidad de concertar cada experiencia a vivenciar.

- 2.8. Elaboro un breve resumen sobre lo que entendí acerca del derecho a la intimidad.

- 2.9. Elaboro una cartelera con las tres frases mensaje enunciadas en el logro 10 del taller grado 8 alusivas al derecho y deber de elegir mis preferencias sexuales y respetar las ajenas.
- 2.10. Hacemos un breve debate o intercambio de ideas en torno a los derechos sexuales y reproductivos y anoto algún dato, sugerencia o inquietud que llame mi atención, para aclararlo posteriormente si es de mi interés personal.

Por una vida sexual responsable, sana y gratificante, los jóvenes debemos jugárnosla toda porque somos el presente y el futuro de nuestro país.

3. El respeto a la vida

3.1 Posturas frente a la anticoncepción

LOGRO 4. *Deduzco las implicaciones de los términos anticoncepción y aborto a la luz de la razón y la conciencia social*

Para muchas corrientes conservadoras y concepciones religiosas, evitar la concepción ha sido un pecado; traer hijos al mundo en condiciones de miseria o infrahumanas ha sido siempre sin lugar a dudas un acto irresponsable; y ante la ausencia de un punto de consenso entre estas dos posiciones extremas se potencian de forma alarmante y lamentable los cinturones de miseria, el abuso sexual a menores de edad y el aborto indiscriminado.

Una mirada un poco más amplia hacia el sentir de los detractores u opositores de la anticoncepción deja en evidencia que es deber de la pareja humana aceptar todos los hijos que le envíe el ser superior en quien creen y que la única forma no pecaminosa de evitar la concepción es la ABSTINENCIA, o sea, evitar las relaciones sexuales. En otras palabras, las relaciones sexuales tienen como único fin la concepción y por lo tanto rechazar e ignorar los métodos anticonceptivos sería lo mejor.

La lucha contra nuestra naturaleza sexual cuando ésta, en su inexorable cumplimiento de los procesos de crecimiento y desarrollo, nos prepara y nos llama a la fiesta de la vida o a la búsqueda de complemento y placer, ha sido un cometido del que siempre hemos salido mal librados según las aseveraciones de las investigaciones y de acuerdo con experiencias de la vida diaria que incluso han tocado a "altas personalidades y jerarcas" que juraron vivir en fidelidad y castidad. Esta lucha ha resultado aún más complicada cuando los estímulos naturales y tecnológico-artificiales de toda índole como las lecciones de la naturaleza misma y las imposiciones de la moda y de los medios masivos de comunicación como la Internet, la televisión y los medios impresos, por ejemplo, nos inducen y empujan a obedecer un llamado del que nadie parece tener posibilidad de escapar porque es inevitable sentir los impulsos que nos reclaman volver a las fuentes de nuestro origen, para ser origen dando la vida, pues nuestra huella genética está llamada a dejar su sello.

Como consecuencia de lo anterior y ante la falta de una oportuna y adecuada orientación sexual que ayude a la reflexión y prevención, parejas humanas jóvenes, adolescentes, preadolescentes e incluso niños y niñas, han sido arrastrados por la avalancha incontrolable del llamado a la vida sexual activa, muchas veces en nombre de la supervivencia, aunque la vida que buscan conservar no les ofrezca ninguna alternativa halagadora. Como resultado desolador nos encontramos con un gran número de familias con gran cantidad de hijos sin las más mínimas garantías para salir adelante dignamente, con abundancia de madres cabeza de familia y, por lo tanto, con niños para los que no tienen posibilidades de ofrecer un futuro mejor, y con una rapiña casi invisible a los ojos de los gobiernos y la ley, por el comercio de niños, niñas preadolescentes y jóvenes, con el propósito de vincularlos en forma soterrada al mundo del trabajo informal en el que son explotados impunemente. Peor aun cuando el trabajo implica pornografía infantil y explotación sexual infantil en servicios a favor del sexo recreativo y del turismo sexual infantil, como una forma de "vivir" que en muchas ocasiones es el único sostén económico de algunas familias, aunque les arranque lágrimas mientras los dueños de estos negocios infames y degradantes rellenan sus arcas. ¿Será este el nuevo pecado social que están cometiendo quienes se oponen a la anticoncepción y de paso están ayudando a engrosar los cinturones de miseria y con ello las filas de la prostitución o mercado sexual y el aborto indiscriminado?

¿Qué es la anticoncepción?

Es evitar el inicio de la vida mediante métodos que buscan impedir que el óvulo y el espermatozoide se encuentren y se fundan como una sola célula, origen de un nuevo ser (cigoto).

¿Qué es el aborto?

Es la interrupción del proceso de la vida ya en formación y que se encuentra en estado germinativo, embrionario, o fetal. Esta interrupción puede darse por causas naturales (aborto espontáneo) o mediante ingestión de brebajes, medicamentos, "accidentes" premeditados o prácticas quirúrgicas (aborto inducido o provocado).

Una vez aclaradas las implicaciones de los términos anticoncepción y aborto, corresponde a la institución escolar, a través de la asignatura o área de educación sexual complementada con ética y valores humanos, optar por la posición menos violatoria del derecho a la vida y hacer especial énfasis en su orientación porque: "Si hay que elegir entre dos males el menor, es preferible la anticoncepción que el aborto"

Escribe una conclusión de la lectura de las posturas frente a la anticoncepción:

¿Qué piensas de la <u>abstinencia</u>, como medio o método para evitar la concepción?

¿Qué opinas acerca de traer niños al mundo en condiciones de miseria y encadenarlos de esa manera a que sus hijos repitan la misma historia de sus padres?

¿Qué opinas acerca de los embarazos que concluyen en aborto, muchas veces de fetos ya bien desarrollados o con la muerte de la madre que lo practica?

¿Qué piensas de quienes condenan la anticoncepción y de quienes la defienden?

Opositores:

Defensores:

Justifica con argumentos la opción que tú elegirías: ¿anticoncepción o aborto?

Si entendiste lo que cada término significa, escribe alguna experiencia familiar, conocida o dramatizada en la televisión u otro medio informativo, relacionada con alguna de estas prácticas: anticoncepción o aborto y qué sentimientos te despierta esta última. (Se sugiere ver el filme documental denominado: "El grito silencioso" presentado por el doctor Bernard N. Nathanson).

Las vivencias sexuales, antes que mirarlas como fuente de placer, hay que asumirlas como fuente de vida para que sean responsables.

3.2 Sentido de la anticoncepción

LOGRO 5. *Infiero el porqué de la anticoncepción en un contexto social en el que existen pocas posibilidades de llevar y ofrecer una vida digna a la que está llamado todo ser humano*

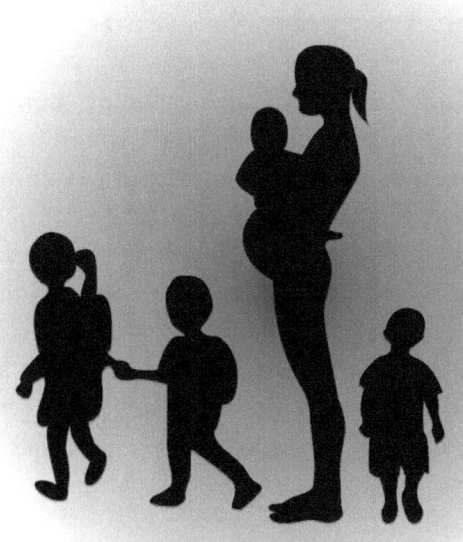

Quienes están a favor de la anticoncepción, es decir, de planificar el número de hijos a los que cada pareja puede garantizarles los derechos, se han preguntado muchas veces: ¿Es un acto responsable y justo con los bebés, traerlos al mundo sin que sus padres o a veces sólo sus madres cuenten con la posibilidad de proporcionarles vivienda medianamente digna, alimentación de calidad, vestido, salud, recreación y educación, que es lo único que puede garantizar un crecimiento y desarrollo normal, base de un futuros mejor?

Al leer los derechos fundamentales de los niños y niñas en el artículo 44 de la Constitución Nacional de Colombia[5] queda en evidencia que para padres y madres no es tarea fácil cumplir tantos deberes y que la anticoncepción está plenamente apoyada en la constitución política como tal, toda vez que establece en el artículo 42, párrafo 6, que: "La pareja tiene derecho a decidir libre y responsablemente el número de sus hijos, y deberá sostenerlos y educarlos mientras sean menores o impedidos".

¿Cómo puede una pareja de bajos recursos económicos, a veces sin empleo formal, cumplir con la manutención y educación de sus hijos si no es planificando el número de los que puede sostener valiéndose de métodos anticonceptivos? ¿O será preferible no planificarlos y condenarlos a todos a carecer de lo necesario, crecer sin posibilidades de estudio, vivir en la miseria, realizar trabajo infantil, quedar en riesgo de caer en la vida delincuencial, engrosar las filas de la prostitución como forma de subsistencia, ser víctima de las redes de tráfico de personas, caer en la drogadicción, entre otros?

---

[5] En el caso de empleo de este material educativo en otros países se sugiere consultar la legislación correspondiente sobre los derechos fundamentales de niños y niñas, y trabajar esta sección sobre esa base.

Anticoncepción versus aborto

Para evitar la concepción, o sea, para evitar que el óvulo y espermatozoide se junten, además de la abstinencia como el método más seguro y saludable, se han llevado a cabo análisis e investigaciones y se han creado dispositivos y medicamentos que hacen parte de los métodos anticonceptivos destinados a controlar la natalidad para traer al mundo sólo el número de hijos que deseamos o aquellos por los que estemos en condiciones de responder, garantizándoles una vida digna.

En los hogares en los que las parejas no han tomado consciencia acerca de los derechos fundamentales de los niños y niñas y no han realizado esfuerzos por respetarlos, apoyados en los programas de salud y algún método anticonceptivo, abunda la pobreza extrema y como consecuencia el hambre y el descuido personal que son la puerta de entrada a las enfermedades, muchas originadas en la desnutrición. Tampoco existen posibilidades de estudio y cuidado, y los niños y niñas en edad escolar son vinculados al mundo del trabajo informal en busca de subsistencia, en el que son víctimas del abuso de todo tipo, en especial laboral y sexual. Esto último, conlleva a la mayoría de ellos a que se conviertan en padres y madres prematuramente sin estar preparados para serlo, con lo cual encadenan a sus hijos a repetir sistemáticamente su misma historia.

Copia los derechos fundamentales de los niños, niñas y adolescentes (artículos 44 y 45 de la Constitución Nacional de Colombia)

Artículo 44:

Artículo 45:

¿Qué significa: libre y responsablemente?

Explica por qué con la paternidad y maternidad prematura se encadena a los hijos a repetir la misma historia de los padres.

¿Qué conclusión sacas respecto de los derechos establecidos y la vida real que afrontan la niñez y la juventud en nuestro país?

De la lectura sobre el sentido de la anticoncepción, consulta el significado de las palabras o expresiones que desconozcas.

De qué manera son víctimas los niños y niñas que se incorporan al mundo laboral y qué derechos se les vulnera.

3.3 Métodos anticonceptivos

LOGRO 6. *Identifico los diferentes métodos anticonceptivos y los clasifico en naturales y artificiales*

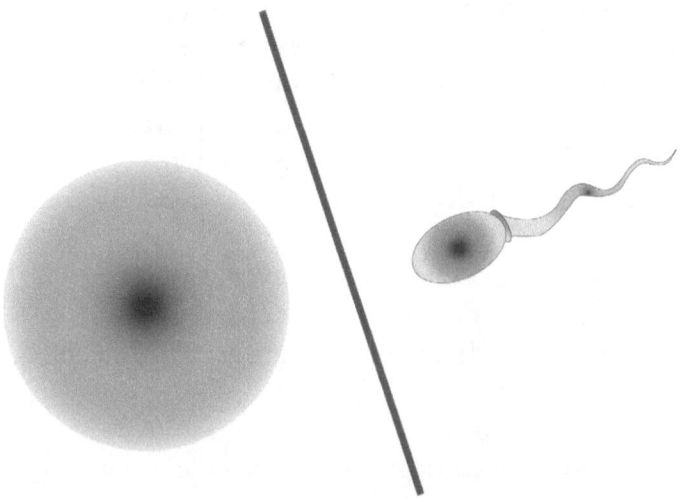

Planificar el número de hijos y programar los momentos propicios para su llegada, apoyándose en algún método anticonceptivo, busca en primer lugar evitar un embarazo no deseado, bien por razones de edad, salud, compromisos estudiantiles, proyectos futuros, estado civil que a veces preocupa, y belleza o idolatría del cuerpo; pero también busca evitar verse abocados a un aborto inducido al que con frecuencia se ha acudido y que, querámoslo o no, a todos nos marca ya sea como sociedad o como personas, aunque quisiéramos negarlo.

¿Cuánto nos duele la marca del narcotráfico, la de los altos índices de violencia y criminalidad con que los datos estadísticos presentan y venden nuestra imagen a nivel mundial? y ¿cuánto nos hiere la carta que cada año nos esgrime amnistía internacional señalando nuestro grado de violación a los derechos humanos? ¿Cuánto nos lastima las últimas noticias sobre el aumento de abusos sexuales contra menores de edad, incluidos los bebés? No es justo con la vida y dignidad un señalamiento más.

Todo método anticonceptivo, llámese natural o artificial, exige del usuario (a) el propósito firme de llevarlo a la práctica según las prescripciones médicas o según las instrucciones de uso que traen las etiquetas de los productos empleados para tal fin. De otra manera, no habrá por qué atribuirle al método o a los productos, fallas que sean ante todo nuestras.

Los métodos anticonceptivos naturales, son:
- Prolongación de la lactancia
- Coito interrumpido
- Método del calendario o ritmo ovulatorio
- Observación de la temperatura basal
- Observación del cambio de apariencia en el fluido vaginal
- Prueba de orina
- Inhibición de la eyaculación

Los métodos anticonceptivos artificiales se dividen en:
- Hormonales
- De barrera
- Quirúrgicos o definitivos

¿Qué es la anticoncepción?

¿Qué busca la anticoncepción?

[ ]

¿Cuál es el método anticonceptivo más seguro y saludable?

_____

¿Por qué razones, o por cuáles no, utilizarías un método anticonceptivo?

[ ]

Escribe lo que hayas oído mencionar acerca de los métodos anticonceptivos.

[ ]

¿Qué te ha gustado o disgustado acerca de los comentarios sobre los métodos anticonceptivos?

[ ]

¿Qué es lo que exige cualquier método anticonceptivo para ser eficaz?

¿Cómo se clasifican los métodos anticonceptivos artificiales?
_____

Socializa tus respuestas para que te enriquezcas con los conceptos de tu docente y compañeros y escribe alguna observación que consideres pertinente.

Por el respeto a la vida vivo o viviré relaciones sexuales seguras empleando métodos anticonceptivos

3.4 Métodos anticonceptivos naturales

LOGRO 7. *Valoro la eficacia de cada método anticonceptivo natural, a efectos de orientar mi decisión respecto de su conveniencia para mí, si hiciera uso de ellos*

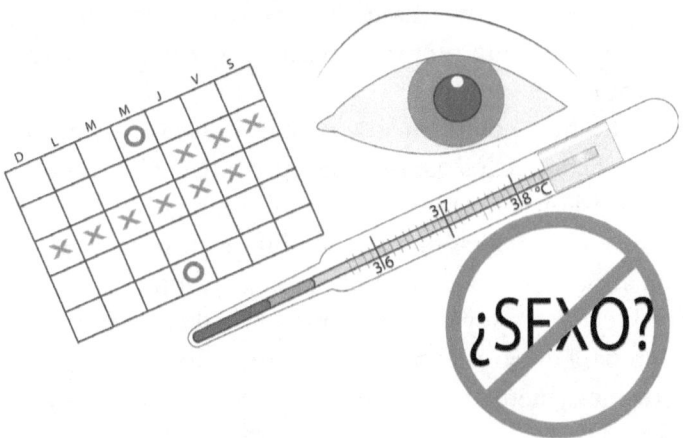

Los métodos anticonceptivos naturales en su mayoría dependen del conocimiento del funcionamiento del cuerpo femenino y, de un modo especial, de la duración del intervalo entre un período menstrual y el siguiente, y de la vigilancia y control que le corresponde a la mujer como dueña y exploradora de su cuerpo. Estos métodos se basan principalmente en los siguientes hechos:

- La ovulación se produce sólo una vez por ciclo o por mes.
- La ovulación ocurre aproximadamente en la mitad del ciclo o mitad del intervalo entre un período menstrual y otro.
- El óvulo sólo es fecundable durante 48 horas aproximadamente que dura su ciclo de vida
- El espermatozoide sólo es fecundante durante aproximadamente 72 horas que dura su ciclo de vida.
- La permanente observación que debe hacer la mujer de sus cambios corporales a través de los cuales el cuerpo comunica estos procesos.

Algunas mujeres son capaces de saber que su período menstrual inicia, en minutos, porque aprendieron a interpretar leves espasmos previos, otras saben que faltan sólo unos días por la leve inflamación de sus senos o por el grano (forúnculo) que mensualmente le aparece en el rostro, entre otros.

Estos hechos, complementados con el conocimiento de la duración de los ciclos menstruales, permiten calcular con bastante precisión, sobre todo si los ciclos son regulares o de intervalo fijo, cuáles son los días fértiles durante los cuales le corresponde al hombre aportar su cuota de colaboración mediante la abstinencia o apoyándose en métodos alternativos como el condón para evitar un embarazo no deseado.

Entre los métodos anticonceptivos naturales están los siguientes:

La abstinencia: es la decisión de privarse de la actividad sexual para evitar así, y en forma más segura, la concepción. La virginidad en particular, en el caso de personas que aún no están seguras de lo que quieren hacer con su vida, es el mejor anticonceptivo. Si la abstinencia es total, es decir, es una privación de toda actividad sexual en forma permanente, además de tratarse del método más eficaz y seguro, es el más saludable de los métodos naturales porque evita las ITS. Mucho mejor si es un asunto de libre elección.

Método de prolongación de la lactancia: es el método más antiguamente usado y a algunas mujeres les funciona, especialmente a las que amamantan a sus hijos hasta por más de un año y lo alimentan exclusivamente con leche materna. Esto ocurre porque la producción de leche disminuye la presencia de la prolactina que se requiere para inducir la ovulación. Lo anterior significa que, en la medida en que se abandone la lactancia regular, más se acerca la posibilidad de que reinicie la ovulación, con el consiguiente riesgo de un nuevo embarazo, a menos que se acuda al apoyo de otro método. Por lo previamente expuesto, este método es poco eficaz.

Coito interrumpido: conocido también como onanismo, consiste en eyacular fuera de la vagina y ojalá lejos de la abertura de la vulva. Este método es poco eficaz, primero, porque el lubricante natural que sale por la uretra previo a la relación puede contener espermatozoides vivos que hagan posible la fecundación; segundo, porque exige mucho autocontrol por parte del hombre y esto no siempre es fácil de lograr y en cambio genera mucha insatisfacción y frustración. No obstante su poca eficacia, que se calcula en un 50%, es preferible a no usar ninguno.

Método del ritmo ovulatorio o calendario: conocido también como método de Ogino - Knaus, sus descubridores, se basa en que todas las mujeres ovulan en la mitad del ciclo, o sea, entre el inicio de su período menstrual y el inicio del siguiente. Es mucho más seguro si los períodos son regulares, siendo los más comunes de 28 y 30 días.

Ejemplo: para un período de 30 días, si su período menstrual inicia el 16 de enero, el próximo período debería iniciar el 14 de febrero, lo que significa que la ovulación se iniciaría el 30 de enero o día 15 de un período de 30 días (se cuenta el día 16, o inicio, como día 1)

	ENERO					
LUN	MAR	MIE	JUE	VIE	SAB	DOM
	1	2	3	4	5	6
7	8	9	10	11	12	13
14	15	(16)	17	18	19	20
21	22	23	24	25	26	27
28	29	(30)	31			

↑ Ovulación

	FEBRERO					
LUN	MAR	MIE	JUE	VIE	SAB	DOM
				1	2	3
4	5	6	7	8	9	10
11	12	13	(14)	15	16	17
18	19	20	21	22	23	24
25	26	27	28	29		

El gráfico ilustra los tres momentos clave para un período de 30 días, que son: 16 de enero (inicio del período o día 1, menstruación), 30 de enero (día de ovulación o día 15) y 14 de febrero (inicio de nuevo período).

El método calendario debe apoyarse en el conocimiento del tiempo de vida del óvulo, calculado en 48 horas aproximadamente y el del espermatozoide, calculado en 72 horas. Los datos sobre el período de vida, tanto del óvulo como del espermatozoide, son vitales porque deben anteponerse y agregarse al día de la ovulación, que para el ejemplo es el 30 de enero. Veamos.

Si se tiene una relación sexual el 27 de enero, el espermatozoide aún estaría vivo para el día 15 del ciclo (30 de enero) y es posible la fecundación. Si se tiene una relación el 1º de febrero, el óvulo puede estar vivo aún y darse la fecundación. Luego los días en los que se debe practicar la abstinencia están comprendidos entre el 27 de enero y el 1º de febrero, que suman las 72 horas de vida del espermatozoide, el día de la ovulación y las 48 horas de vida del óvulo (en total 6 días)

Una mayor seguridad implicaría que debe anteponerse un día y postergarse otro. Estos corresponden a los colores más claros de la gráfica. Regir la vida sexual por este método anticonceptivo es bastante riesgoso, toda vez que los períodos más regulares a veces fallan y que en los irregulares o de llegada imprevista es imposible predecir la fecha de la ovulación. No obstante, sería de gran ayuda si sólo hay que utilizar protección adicional durante los posibles días fértiles.

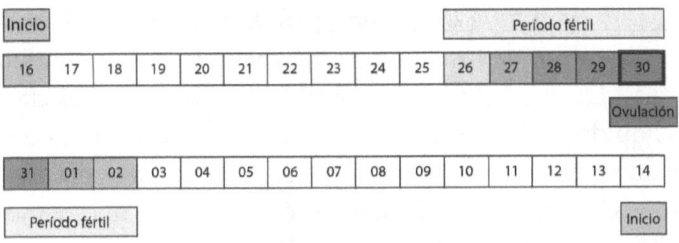

Un pequeño calendario no estorba y hacer un seguimiento de este hecho por varios meses o siempre, puede servir para reforzar la seguridad con la ayuda de otros métodos anticonceptivos e incluso es recomendable tenerlo en cuenta para fijar viajes, entre otros eventos como la fecha de la boda, para que no coincida, por ejemplo, con el período menstrual. Puede resultar muy conveniente fijarla cuando tal vez la ovulación haya pasado, como manera de evitar un embarazo en plena luna de miel.

<u>Observación del aumento de la temperatura basal</u>: este método se fundamenta en la temperatura base o normal de una persona (36.5 – 37ºC) y requiere que la mujer se tome la temperatura diariamente antes de levantarse y en lo posible a la misma hora, llevando apuntes de lo observado. El momento de la ovulación estaría indicado por un aumento en la temperatura corporal en aproximadamente un grado (1°C). Ejemplo: si la temperatura base se ha mantenido en 36,5°C, la ovulación la elevará a 37,5 °C y si se ha mantenido en 37°C aumentará a 38°C aproximadamente.

Es pertinente hacer este seguimiento por varios meses hasta que se adquiera la confianza necesaria en el método, para anteponer y postergar los días equivalentes al período de vida, tanto del óvulo como del espermatozoide, tal como se indicó en el método anterior. De cualquier manera es preferible seguir contando con el apoyo de un método más seguro porque los cambios de temperatura pueden ser poco perceptibles o tener otro origen, pero es un método más eficaz cuando se tienen períodos irregulares.

Cambio en el flujo del cuello uterino: este método demanda estar pendiente de los cambios del cuello uterino y del moco cervical. Durante el tiempo normal, el flujo vaginal es claro y más líquido, y el útero está más descendido y el cuello o cérvix más duro. Aproximadamente 2 días previos a la ovulación, el útero se eleva un poco, el cuello o cérvix se torna más blando y el moco cervical se vuelve muy similar a la clara de huevo pero más espesa y de color más turbio. Cuidarse de una relación sexual a partir del aparecimiento del moco (clara de huevo) y hasta unos cinco días después, puede ser suficiente para superar los días fértiles. Detectar estos cambios es un poco difícil si no hay una constante observación, situación que se complica aún más cuando hay otras secreciones vaginales producto de infecciones.

Ducha vaginal: es un método poco seguro y consiste en practicarse un lavado vaginal profundo después de una relación sexual para deshacerse del líquido seminal. Su inseguridad radica en la alta movilidad o rapidez con que los espermatozoides pueden cruzar el cuello uterino, en donde por razones obvias no obra el lavado vaginal.

Prueba de orina: esta prueba se utiliza para detectar el aumento de la hormona luteínica (HL) que aparece en la orina, previo a la ovulación. Practicarse esta prueba cada mes, antes de los días fértiles, puede ser el más eficaz método de los anticonceptivos naturales porque establece la alerta antes de la ovulación.

Por efectos de las hormonas presentes en la ovulación, o sea durante el periodo fértil, la mujer es inducida inconscientemente a sentirse más bonita, más atractiva e interesante, lo cual la estimula a mostrarse más femenina, llamativa, seductora y coqueta. En consecuencia, estar atentos al momento del cambio de comportamiento o interés inusitado hacia la pareja, también puede ayudarnos a intuir el período fértil. Un hombre atento a su pareja también puede intuir esta situación al sentirse especialmente atraído por ella. Aquí está presente el llamado de la naturaleza a celebrar la concepción de una nueva vida, en virtud de lo cual es preciso estar alertas al llamado de las feromonas.

Continencia masculina: aunque poco mencionado, es el método anticonceptivo empleado por algunas culturas orientales (sexo tántrico) y por los movimientos occidentales de corte gnóstico que se apoyan en el postulado de que "el líquido seminal es la fuente de la eterna juventud y parte vital para la conservación de la salud y la vida", y que por lo tanto no amerita malgastarlo en un acto que no se dirija a la procreación, y por lo mismo se disciplinan en el arte de amar sin eyacular.

Haber logrado entender, diferenciar y vivenciar el acto sexo-afectivo, del acto sexo-reproductivo, fue, para su descubridor John Humphrey Noyes: "La gran liberación" [6]

Según Noyes, hay dos métodos de unión sexual: el primero es el acto animal de copular, que conduce necesariamente a la eyaculación; el segundo es de carácter netamente afectivo, que inhibe la eyaculación y previene naturalmente del embarazo. Según el mismo Noyes, puede verificarse una unión sexual que produce un alegre intercambio de magnetismo que puede sostenerse sin llegar al orgasmo, procurando no seguir con el ímpetu de la excitación inicial, de modo que controlando el impulso nervioso se pueda evitar el flujo de la sangre a los órganos genitales y su consiguiente presión.

Osho, en su obra "El Sexo Sublime",[7] define estos dos mismos métodos como: "Orgasmo de cumbre y orgasmo valle". En el primero se llega a la eyaculación y en el segundo no, y por lo tanto la relación e intercambio de energía puede prolongarse a voluntad.

---

[6] "La energía creadora", Walter Siegmeister. Pág. 40

[7] "Sexo sublime", de Osho Rajneesh, Editorial Cuatro Vientos, Santiago de Chile, 2000, traducción de Sex Quotations, p. 117

Ambos autores coinciden en que: con la eyaculación, la relación sexual se acaba prematuramente, mientras que al evitarla puede prolongarse a mutua elección; y en que, al evitar la eyaculación, en vez de desgastarse, ambos salen fortalecidos de la relación sexual.

Consulta el significado de la palabra Onanismo y su origen.

¿Qué piensas acerca de los métodos anticonceptivos naturales?

¿Cuáles de los métodos citados demandan mayor observación y conocimiento del funcionamiento del cuerpo femenino?

Consulta si en los laboratorios de tu sector realizan la prueba de orina para determinar el aumento de la hormona luteínica.

¿Encuentra algún tipo de riesgo en el método de continencia masculina?
Sí ___ No ___ Justifica tu respuesta.

Aunque, a excepción de la continencia masculina y la abstinencia temporal, en los métodos anticonceptivos naturales sólo figura como protagonista la mujer, por ahora. Un hombre a toda prueba debe estar atento a todos estos acontecimientos del cuerpo de su pareja y apoyarla incondicionalmente como responsable que es de la paternidad si la fecundación tiene lugar.

> **Los métodos anticonceptivos naturales <u>no ofrecen ninguna protección</u> contra las enfermedades de transmisión sexual y por lo tanto requieren juego limpio de la pareja, es decir, fidelidad o estricta protección.**

3.5 Métodos anticonceptivos hormonales

LOGRO 8. *Valoro la eficacia de cada método anticonceptivo hormonal y sus implicaciones en mi salud, a efectos de orientar mi decisión respecto de su conveniencia para mí, si hiciera uso de ellos*

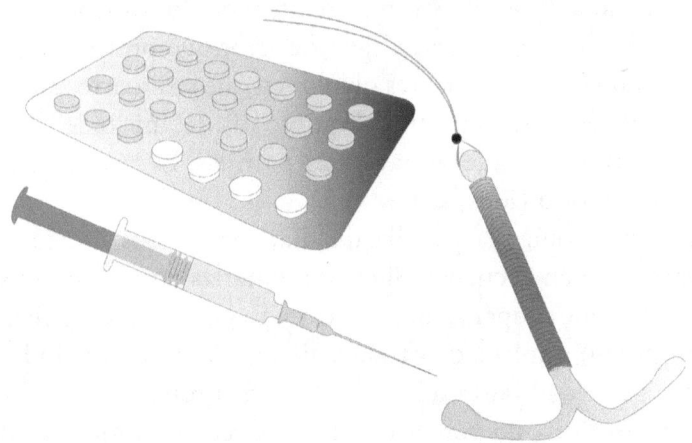

Los métodos anticonceptivos hormonales se basan en la existencia y uso de sustancias químicas que, empleadas regularmente, alteran o inhiben la ovulación y como consecuencia la concepción. Es la clase de método que demanda mayor control médico, toda vez que los componentes químicos de que están hechos pueden reaccionar de forma diferente en cada organismo y por lo tanto, su uso debe estar condicionado a la prescripción y vigilancia médica.

El más común de los métodos anticonceptivos hormonales es la píldora anticonceptiva. Esta constituye un método efectivo y práctico bastante común en la actualidad para evitar embarazos no deseados.

Entre las varias presentaciones de píldoras que existen, las compuestas de un estrógeno y un progestógeno o combinadas, y las mini píldoras con dosis más baja de progestógeno, son las de uso más frecuente.

Las píldoras actúan controlando la producción de hormonas, lo que afecta la ovulación; impide la regeneración del lecho uterino, evitando la implantación o anidación del óvulo en caso de que ocurra la fecundación; y espesa el fluido del cuello uterino, bloqueando el paso de los espermatozoides.

El porcentaje de falla de este método está entre los más bajos, por lo que se constituye en un método anticonceptivo bastante eficaz. El poco margen de error que presenta puede aumentar con los frecuentes olvidos en que se incurre, pues su uso debe ser diario a partir del quinto día del inicio del período menstrual hasta terminar las 21 pastillas. Es recomendable enmendar los olvidos, así:

Si olvida tomar la pastilla un día, tómese dos inmediatamente caiga en la cuenta. Si olvida tomarlas por 2 días consecutivos, tome 2 apenas lo advierta y tome 2 al día siguiente, pero por su seguridad o tranquilidad, continúe tomándolas con regularidad hasta terminar. Si olvida tomar la pastilla 3 días consecutivos o por varias ocasiones en el mismo período, suspéndalas y acuda a otro método de apoyo. Si su período menstrual se atrasa, continúe con el método de apoyo hasta que se haga una prueba de embarazo o el período aparezca.

Los inconvenientes a la salud, o efectos secundarios, que puede causar el uso de las píldoras anticonceptivas, son: presencia de náuseas, estreñimiento, mayor sensibilidad de las mamas, presión alta leve, aparecimiento de manchas en el rostro, aumento o pérdida de peso, aumento de secreciones vaginales, mayor sensibilidad a las infecciones vaginales, entre otras, dependiendo en muchos casos de la historia de salud personal, por lo tanto la primera prescripción de estos anticonceptivos debe hacerla el médico y continuar llevando un control igualmente vigilado hasta descartar efectos secundarios de mayor trascendencia o gravedad.

Otro método hormonal es el *Dispositivo Intrauterino* (DIU) - Progestasert, que es un pequeño artefacto de plástico en forma de T, de cuya base pende uno o dos hilos, que al ser insertado dentro del útero a través de la vagina y del cérvix, impide la implantación del óvulo o su fecundación, dado que la progesterona que libera el dispositivo controla el endometrio o mucosa que recubre las paredes internas del útero, por lo que la implantación del óvulo, si es fecundado, se dificulta.

Una versión más moderna del DIU es el de copper o T de cobre, de mayor eficacia y durabilidad si se compara con el progestasert que debe ser reemplazado cada vez que se agote el suministro de progesterona (cada cuatro años aproximadamente).

El DIU debe ser colocado por un médico o por un experto en planificación familiar y después de descartar un embarazo, por lo que es común que sea preferible colocarlo durante el período menstrual. Antes de su colocación también se deben descartar: infecciones de cualquier tipo, preexistencia de hemorragias irregulares, anormalidades del útero o del cuello, historia de embarazos ectópicos, baja de defensas por cualquier enfermedad y trastornos menstruales graves.

El DIU queda en contacto con la vagina a través de uno o dos hilos que la mujer debe aprender a vigilar. Primero, que realmente pendan; segundo, que no aparezcan más salidos que al comienzo. Si esto ocurre, hay que proceder a consultar o buscar ayuda del médico o experto.

El DIU puede provocar la presencia de períodos menstruales más largos y abundantes, lo cual podría degenerar en anemia. También pueden aparecer espasmos, que deben desaparecer en los tres primeros meses. De lo contrario, lo más aconsejable es retirarlos. El DIU puede aumentar el riesgo de infección uterina a través de los hilos y ser causa de dolor durante las relaciones sexuales, lo que podría conllevar a la falta de interés por estas.

El *Norplant* es un dispositivo compuesto por 4 o 6 cápsulas del tamaño aproximado de un cerillo, de contenido hormonal, que se insertan debajo de la piel del antebrazo interno, cerca del hombro. Su función es liberar en forma gradual hormona que interfiera con la ovulación, al tiempo que acondiciona la mucosa del cuello del útero para que se vuelva una barrera infranqueable para los espermatozoides. Su eficacia se calcula en 5 años y su colocación y remoción requiere de un profesional en el área.

Su lugar de colocación es ideal porque no interfiere con las relaciones sexuales y es muy seguro después de 24 horas de colocado, pero puede inducir a períodos menstruales irregulares caracterizados por períodos largos o hemorragias abundantes que ameritan consulta médica. Puede darse poca presencia de flujo menstrual, incluidas manchas extemporáneas. También deben ser motivo de consulta médica: extremo dolor abdominal o de los brazos, sangrado en el lugar del implante, expulsión de alguna de las cápsulas, retraso en los períodos menstruales luego de haberse presentado períodos normales, dolores frecuentes de cabeza o visión borrosa.

Inyecciones hormonales: las inyecciones anticonceptivas hormonales contienen 1 o 2 estrógenos, con un período de eficacia que dura entre 2 y 3 meses. Se requiere por lo tant, que las inyecciones sean aplicadas al término de estos intervalos de tiempo, para interferir sobre el proceso de la ovulación o interrumpirlo. El uso de las inyecciones hormonales mensuales puede interrumpir en algunos casos los períodos menstruales hasta por un lapso de seis meses, después de dos o tres inyecciones consecutivas, por lo que a las mujeres que les ocurre pueden sentirse beneficiadas, pero en otros casos los períodos pueden volverse irregulares, prolongados o escasos. La menstruación y la fertilidad regresan pocos meses después de que se dejen de aplicar las inyecciones. Recuerde que los métodos anticonceptivos hormonales requieren prescripción médica.

Anticoncepción de emergencia: comparando el método anticonceptivo de emergencia, con los métodos anticonceptivos hormonales, se deduce su efecto anti anidación del óvulo, equivalente al efecto de los DIU.

Entre los métodos anticonceptivos hormonales, la anticoncepción de emergencia es el que causa más controversia debido a su calificativo como abortivo. El método anticonceptivo de emergencia puede compararse en sus efectos a los del DIU, bastante conocidos en lo relativo a la eficacia. Nadie ha dicho que los DIU son eficaces porque evitan la concepción, excepto los progestasert, ya que su efecto mayor parece estar centrado en evitar la implantación o anidación del óvulo si estuviera fecundado y, de ser así, en la mayoría de los casos el huevo muere. Que los DIU no evitan la concepción, ha quedado demostrado con embarazos posteriores a la colocación de estos, algunos llevados a su normal término.

Nadie puede asegurar tampoco que toda relación riesgosa o imprevista como en el caso de las violaciones, conduce a la concepción y cuando se usa este método, también llamado "del día después", sólo se está apostando a la probabilidad de que la concepción haya ocurrido, y no a la certeza. En todo caso, en todos los países en los que el aborto se encuentra aprobado, por la razón que sea, y en los que no, pero que clandestinamente se practica, es preferible la anticoncepción de emergencia cuando el embarazo, si es que existe, aún no puede probarse clínicamente por tratarse de un cigoto o tal vez de una mórula, que verse abocados a un etiquetado aborto más inhumano, a la luz de la razón y a la conciencia de muchos, por tratarse de embriones o fetos ya desarrollados y por lo tanto, más altamente traumáticos, tanto para quienes se someten a este, como para quienes lo practican, amén de quien lo vive y padece la tortura hasta la muerte.

La anticoncepción de emergencia se practica con la popularmente conocida como "píldora del día después" que es efectiva en un alto porcentaje tomada hasta 72 horas después de ocurrido el acto sexual sin protección. Consta de 2 dosis que deben tomarse con un intervalo de 12 horas entre una y otra y cuyo propósito es cambiar las condiciones del útero, de modo que no sea apto para anidar el óvulo, en caso de que haya sido fecundado. Este método, como su nombre lo indica, sólo debe ser utilizado en auténticos casos de emergencia, porque para la rutina normal existen otros más prácticos y menos riesgosos. Sus consecuencias posteriores pueden ser: sangrado irregular, náuseas, vómito e incluso complicaciones más serias dependiendo de la historia de salud personal. No obstante la gran efectividad de la píldora, ante la posibilidad de que un embarazo siga su curso, el feto puede verse afectado por problemas congénitos, originados en los efectos secundarios de sus componentes.

Recuerde: este método es sólo de emergencia y está contraindicado como método frecuente de anticoncepción por los daños que puede acarrear en la salud de quienes lo usan.

¿Qué piensas de los métodos anticonceptivos hormonales?

Mejora tu conocimiento sobre ellos, escuchando opiniones de usuarias, leyendo sobre ellos o consultando con médicos amigos o de la familia, para que tengas un concepto más claro sobre su uso y posibles efectos secundarios. Escribe las conclusiones.

¿Cuáles son los tres posibles efectos de las pastillas que impiden el embarazo?
- _____
- _____
- _____

Según los datos presentados con cada método sobre sus efectos secundarios, ¿qué opinas de su uso?

¿Qué piensas de la anticoncepción de emergencia?

¿Toda mujer que toma la píldora de emergencia debe dar por hecho que abortó?
Sí ____ No ____ ¿Por qué? Argumenta con dos razones.

Regálate una nueva lectura sobre la anticoncepción de emergencia y escribe lo que te parezca más importante.

"Los métodos anticonceptivos hormonales <u>no ofrecen ninguna protección</u> contra las infecciones o enfermedades de transmisión sexual"

3.6 Métodos anticonceptivos de barrera

LOGRO 9. *Valoro la eficacia de cada método anticonceptivo de barrera y sus implicaciones en mi salud, a efectos de orientar mi decisión respecto de su conveniencia para*

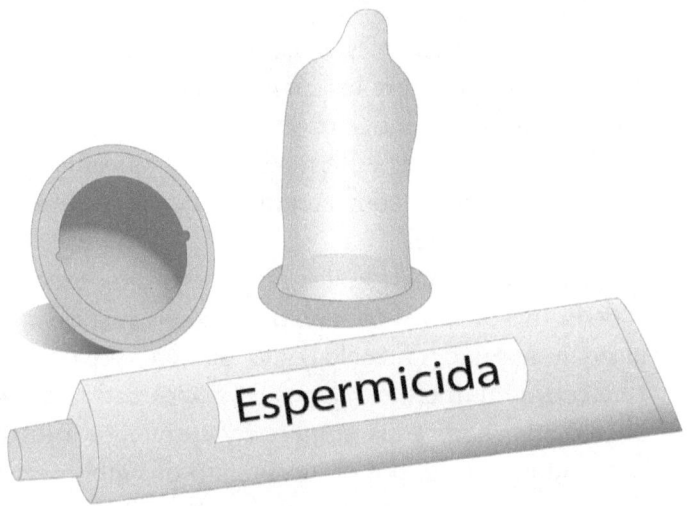

El propósito principal de los métodos anticonceptivos de barrera es impedir el paso de los espermatozoides en su proceso de desplazamiento hacia el cuello del útero o puerta de entrada a las trompas de Falopio, en donde tiene lugar la fecundación.

Se clasifican como métodos de barrera aquellos que de manera mecánica o química obstruyen el paso de los espermatozoides, afectando su movilidad o capacidad para desplazarse, y su vitalidad, con el fin de evitar la concepción. Estos métodos anticonceptivos tienen un "algo más" que los ha convertido en los más populares desde la aparición del VIH y es que son los únicos que ofrecen alguna eficacia contra las ITS, especialmente si se usan combinados con un espermicida.

Entre los métodos anticonceptivos de barrera están: el preservativo o condón, el diafragma, la esponja anticonceptiva y los espermicidas.

El preservativo o condón: es una bolsa de goma o látex delgado, destinada para introducir en ella el pene en erección, tomando la precaución de dejar la punta sin aire. Este vacío, busca que el condón no se rompa con la presión y que a la vez sirva para depositar el semen.

Los preservativos o condones se han tornado bastante populares por varias razones entre las cuales destacan:

- Su alta eficacia como barrera contra la infección del VIH-Sida y de otras enfermedades de transmisión sexual, por impedir el contacto directo con los fluidos corporales de la pareja.
- El liderazgo que han tomado las mujeres para promover el derecho a portar el condón personal y a exigirlo como parte de su salud y no sólo como anticonceptivo.
- El creciente número de cargos de paternidad responsable elevados contra los hombres, y entre ellos a los varones adolescentes, por el incremento de embarazos no deseados, lamentablemente muchos entre las adolescentes y preadolescentes.
- Son relativamente baratos y fáciles de usar, lo que los hace asequibles al público.
- No requieren prescripción médica, sólo de ser precavidos.

Aunque la eficacia del condón se calcula aproximadamente en un 95%, si se usan acompañados de espermicidas, son mucho más seguros. Si un condón se rompe durante una relación, un buen espermicida colocado de inmediato en la vagina puede ayudar a controlar no sólo la fecundación, sino también a evitar una infección. Los condones de látex, aunque más seguros por su baja porosidad, si se usan con lubricantes, éstos deben ser a base de agua para evitar su deterioro. Los lubricantes a base de agua son más seguros. Los condones pueden producir algunas veces reacciones alérgicas o rasquiña genital. También son señalados por algunos, de disminuir la sensibilidad, hecho que puede beneficiar a quienes padecen de eyaculación precoz. Si usted cree o llega a creer que los preservativos le disminuyen la sensibilidad, recuerde que también le aumentan la tranquilidad y le protegen la salud y la vida.

Aunque una mujer use anticonceptivos, debe exigir el uso del preservativo si quiere protegerse de las enfermedades de transmisión sexual o emplear como mínimo los métodos que ella tiene a su alcance, como son: el diafragma o la esponja anticonceptiva, acompañados de un buen espermicida que actúe contra el VIH.

El diafragma: es un pequeño gorro hecho de látex delgado en forma de boina que actúa como gorra o sombrero sobre el cuello del útero, a efectos de bloquear la entrada de los espermatozoides. El diafragma se consigue de distintos tamaños y al comienzo de su uso debe colocarlos personal especializado con el fin de encontrar la talla que se acomode al tamaño del cuello del útero y a la posición de éste, lo mismo que a la forma y tamaño de la vagina.

Una vez elegido el diafragma apropiado, la mujer puede colocárselo personalmente, pero previo a su colocación es indispensable llenar su interior y hasta el borde, con un gel o crema espermicida y vigilar, por medio del tacto, que quede bien colocado.

El diafragma debe colocarse dos horas antes de la posible relación sexual y retirarlo sólo después de seis horas de haber concluido esta. Si la relación no tiene lugar en las dos horas previstas, es pertinente reforzar el espermicida antes de que tenga lugar la relación postergada.

El diafragma tiene una efectividad de aproximadamente un 90%, pero si se toman en cuenta los errores en su uso, esta efectividad puede disminuir hasta un 80%. En caso de usar lubricantes, lo recomendable es usar aquellos a base de agua.

Los efectos negativos del diafragma pueden ser: reacciones alérgicas del hombre y/o la mujer, asociadas con los componentes de los espermicidas; infecciones, si al dispositivo no se le hace una adecuada y cuidadosa limpieza con agua tibia y jabón después de cada uso. El diafragma es reutilizable hasta por 2 o 3 años, pero después de un aumento o pérdida de peso de más o menos 4 kilos, es necesario cambiarlo para que se ajuste a los nuevos cambios que hayan podido experimentar los órganos sexuales internos. Una buena medida de precaución es reemplazarlo con mayor frecuencia.

Esponja anticonceptiva: es una esponja blanda en forma de gorra y desechable que se fabrica de poliuretano y viene impregnada de un espermicida. Luego de humedecerla con un poco de agua potable se coloca sobre el cuello del útero, de modo similar al diafragma. Se adquiere en las farmacias sin prescripción médica y es mucho más práctica que el diafragma porque su eficacia anticonceptiva dura 24 horas, lo cual permite mayor margen de tiempo para su colocación. Se retira halando de una cinta que posee, pero sólo después de que hayan transcurrido seis horas, como mínimo, de haber tenido la relación sexual.

Las fallas, calculadas por encima del 15%, obedecen al hecho de omitir instrucciones de uso. Aunque puede ser eficaz contra algunas infecciones vaginales, no lo es contra el VIH por lo que resulta ideal complementarla con el condón. Puede ocasionar reacciones alérgicas en algunos casos.

Espermicidas: los espermicidas son anticonceptivos químicos de uso vaginal que se adquieren en variadas presentaciones y marcas: óvulos, cremas, espumas, geles y supositorios que no requieren prescripción médica y por lo tanto son de fácil adquisición. Aunque los espermicidas actúan contra los espermatozoides y activan una barrera a la entrada del útero, no se les debería considerar suficientes como método anticonceptivo toda vez que, si no se siguen adecuadamente las instrucciones de uso, su seguridad disminuye. En consecuencia, desempeñan mejor su papel apoyando otros métodos de barrera como la esponja, el diafragma y el preservativo, sin olvidar que la eficacia de todos los métodos anticonceptivos depende de su adecuado uso.

En caso de que los espermicidas se usen solos, son preferibles las espumas, las tabletas y los supositorios, y su aplicación puede hacerse de forma manual o empleando el artefacto tipo jeringa que traen. De cualquier manera, el espermicida debe quedar depositado lo más cerca posible al cuello del útero. Solicite los más recomendados para su propósito y no olvide tener en cuenta las instrucciones del producto. Sus porcentajes de efectividad dependen de la disciplina en el uso, de la adecuada aplicación de los mismos y de la vigilancia de las fechas de vencimiento del producto.

Algunos espermicidas pueden producir leves reacciones alérgicas que a veces desaparecen cambiando de marca del producto; otros pueden ofrecer algunas garantías contra infecciones de transmisión sexual, por lo que lo mejor es especificar lo que deseamos antes de comprar el producto. Recuerde su derecho a vivir su sexualidad con seguridad.

¿Cuáles son las cinco (5) características que han hecho del condón un método anticonceptivo popular?

¿Cuáles de las cinco (5) características te llevaría a preferirlo?

¿Por qué?

Consulta si un diafragma, por estar hecho del mismo material del condón, puede ayudar también a prevenir el contagio de VIH y escribe la respuesta obtenida.

¿Qué tipo de lubricantes están contraindicados para complementar el condón y el diafragma de látex?

_____

¿Qué efectos secundarios graves tienen los métodos anticonceptivos de barrera?

¿Qué diferencias hay entre el diafragma y la espuma anticonceptiva?

"Que tu derecho al placer, no esté por encima del deber de proteger tu salud y vida"

3.7 Métodos anticonceptivos quirúrgicos

LOGRO *10. Valoro la conveniencia de cada método anticonceptivo quirúrgico o definitivo y sus implicaciones en mi salud, a efectos de orientar mi decisión, si hiciera uso de ellos*

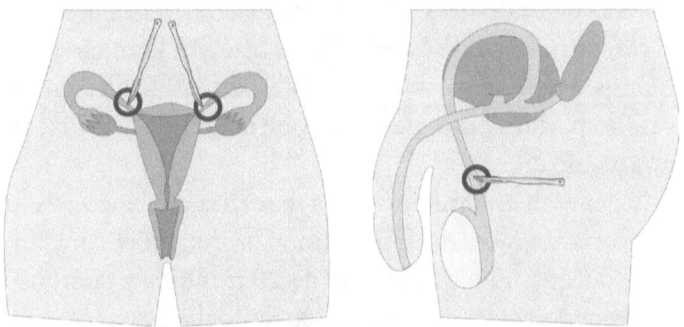

De todo se ha hecho o inventado para evitar concebir hijos que no se desean o cuando se tiene la conciencia de carecer de los recursos económicos necesarios para ofrecerles una vida medianamente digna. Los métodos anticonceptivos definitivos son seguros para la salud del usuario, pues no se les conoce efectos secundarios. Son eficaces en su propósito de evitar la concepción y son permanentes, ya que revertir sus resultados, no es tan probable. Por lo tanto, tomar la decisión de emplearlos exige una reflexión seria, de modo que sólo tenga lugar después de haber logrado un cierto nivel de estabilidad con la pareja y de que haya nacido el último hijo deseado.

No obstante lo anterior, hay que considerar situaciones futuras impredecibles como separaciones, divorcios, pérdida de hijos o de la pareja, cambios de expectativas económicas, entre otros, que pueden incidir en el cambio de opinión, hecho que se vería afectado por esta determinación. A lo anterior se debe agregar que, como no ofrecen <u>ninguna protección contra las ITS</u>, requerirán del apoyo de otro método que otorgue protección en este sentido cuando no se permanece dentro de una relación estable y segura.

Los métodos anticonceptivos definitivos, son: la vasectomía y la ligadura de trompas de Falopio.

La vasectomía: es un procedimiento quirúrgico que busca interrumpir el paso de los espermatozoides en su recorrido desde los testículos donde tiene lugar su formación, hasta la salida de la uretra, para lo cual se realiza un corte y sellamiento de los conductos deferentes o vía que los espermatozoides emplean para su desplazamiento, de modo que el líquido seminal futuro, carezca de ellos.

Por lo general, esta microcirugía se realiza con anestesia local y la mayoría de veces en forma ambulatoria, en el consultorio médico, porque no requiere más de 20 minutos y de unos dos días de recuperación durante los cuáles deben evitarse esfuerzos físicos mayores.

La vasectomía no altera la producción de esperma ni de hormonas, por lo tanto no altera la erección ni la eyaculación en las relaciones posteriores, pero estas deben suspenderse temporalmente o hacer uso de otro método anticonceptivo mientras dos (2) pruebas de esperma que deben realizarse posterior al procedimiento, demuestren la total inexistencia de espermatozoides en el líquido seminal. Como es de deducirse, la vasectomía en su propósito anticonceptivo es muy segura y sus fallas sólo deben relacionarse con un inadecuado procedimiento quirúrgico.

Ligadura de trompas de Falopio: es un procedimiento quirúrgico que busca evitar el paso de los óvulos en su recorrido desde el ovario, donde se forman, crecen y maduran, hasta el útero, para lo cual se realiza un corte y sellamiento de las trompas de Falopio, impidiendo que a futuro estén al alcance de los espermatozoides.

Aunque existen varias formas para realizar este procedimiento, todas requieren de anestesia general pues es una operación más compleja que la vasectomía, por tratarse de un procedimiento interno y por lo tanto más delicado, y la recuperación es más lenta, sobre todo si las hemorragias y las infecciones hacen su aparecimiento, por lo cual exige mayores medidas de precaución y cuidado.

Por las mayores complicaciones de la ligadura de trompas, se están haciendo campañas a favor de que el hombre se realice la vasectomía, con algunos resultados conocidos.

Recuerda:

Lo que hagas para evitar una enfermedad de transmisión sexual, puede ser suficiente para evitar un embarazo no deseado.

Escribe el comentario que te merezcan estos dos métodos anticonceptivos

¿Cuál es la mayor desventaja que tienen?

Consulta si ha habido algunos avances respecto de poder revertir los efectos de estas cirugías o de alguna de ellas y escribe los resultados.

Según los resultados de tu consulta, ¿en qué casos recomendarías alguno de estos métodos?

¿Por qué?

¿Crees que podrías considerar en el futuro, emplear alguno de estos métodos para ti o para tu pareja?
Sí ___ No ___
Si tu respuesta es negativa, argumenta por qué no lo harías

¿Qué mensaje te deja la frase de cierre de este tema?

3.8 El valor de la vida

LOGRO 11. Reflexiono una vez más acerca del valor de la vida, leyendo del libro de Oriana Fallaci, "Carta a un niño que no llegó a nacer", el párrafo que inicia así: "Mi madre no me quería, ¿sabes? ..." y que termina diciendo: "Termino por exclamar que nacer es mejor que no nacer"

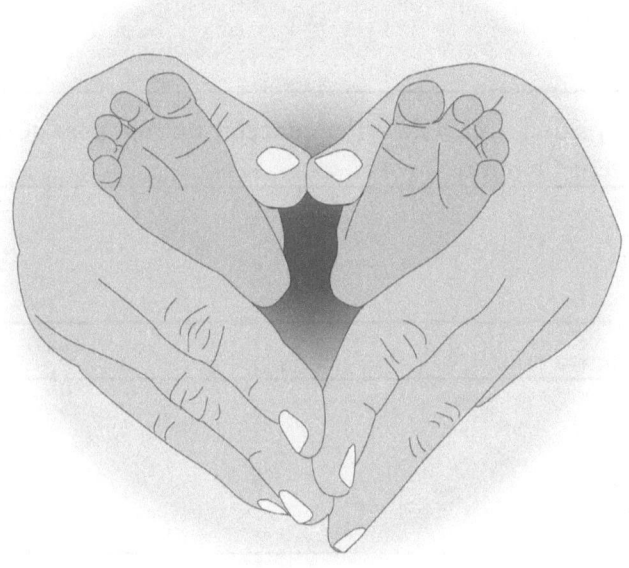

Si tú hubieras podido elegir entre nacer o no nacer, ¿qué hubieras elegido? _____
Argumenta tu respuesta con los motivos de tu elección.

Naciendo, ¿qué ganaste?

No naciendo, ¿qué hubieras ganado?

¿Qué significado especial tiene para ti la vida?

Qué piensas acerca de evitar concebir un hijo para que:
No tenga hambre:

No tenga frío:

No sufra traiciones y ofensas:

No muera avasallado en la guerra:

¿O no padezca enfermedades?

Termina de leer el libro citado y escribe tus propias conclusiones

Anota. además, otras ideas que te cuestionen o inquieten para que las socialices y enriquezcas tus criterios.

La vida tiene en sí misma un valor intrínseco porque es un don divino que nos otorga la posibilidad de realizarnos como personas, poniendo nuestro cuerpo a disposición de nuestra inteligencia, de nuestro poder de crear o voluntad y de la facultad para amar nuestras obras.

3.9 Consideraciones personales

LOGRO *12. Dilucido interrogantes frente al libro de Oriana Fallaci, doy respuestas y expreso inquietudes que surgen de su lectura*

Según la narración que hace la autora, el aborto que describe ¿es espontáneo o provocado?
_____ Sustenta tu respuesta:

Según la misma narración (sin considerar la opinión del niño - adulto, cuya voz escucha la madre, en su sueño, delirio, o fantasía), ¿quién es el verdadero culpable del aborto si lo consideraste provocado?

¿El padre, quien no apoyó a la madre desde el comienzo?
Sí ___ No ___ ¿Por qué?

¿La señora embarazada, quien no se cuidó desatendiendo la prescripción del primer médico?
Sí ___ No ___ ¿Por qué?

¿La amiga, quien procuró que el padre del niño visitara a la gestante y terminó desatando su cólera?
Sí ___ No ___ ¿Por qué?

¿La médica, quien le dijo que todo estaba normal y que podría emprender aquel viaje?
Sí ___ No ___ ¿Por qué?

¿El jefe, quien supuestamente la presionaba con asignar su trabajo a otro empleado?

Sí ___ No ___ ¿Por qué?

¿Qué opinas de la respuesta del padre cuando supo del embarazo?

En tu concepto, ¿cuál debe ser el verdadero papel o rol del padre frente a la concepción?

Sustenta si estás de acuerdo o no en que hay "pensamientos que matan" y ¿por qué?

¿Crees que un acto de cólera y de tensión puede interrumpir un embarazo?

Sí ___ No ___ ¿Por qué?

Socializa tus respuestas para enriquecimiento del grupo.

Rocío Cartagena Garcés

Qué suerte he tenido de nacer
(Alberto Cortez)

Qué suerte he tenido de nacer,
para estrechar la mano de un amigo
y poder asistir como testigo
al milagro de cada amanecer.

Qué suerte he tenido de nacer,
para tener la opción de la balanza,
sopesar la derrota y la esperanza
con la gloria y el miedo de caer.

Qué suerte he tenido de nacer,
para entender que el honesto y el perverso
son dueños por igual del universo
aunque tengan distinto parecer.

Qué suerte he tenido de nacer,
para callar cuando habla el que más sabe,
aprender a escuchar, ésa es la clave,
si se tiene intenciones de saber.

Qué suerte he tenido de nacer,
y lo digo sin falsos triunfalismos,
la victoria total, la de uno mismo,
se concreta en el ser y en el no ser.

Qué suerte he tenido de nacer,
para cantarle a la gente y a la rosa
y al perro y al amor y a cualquier cosa
que pueda el sentimiento recoger.

Qué suerte he tenido de nacer,
para tener acceso a la fortuna
de ser río en lugar de ser laguna,
de ser lluvia en lugar de ver llover.

Qué suerte he tenido de nacer,
para comer a conciencia la manzana,
sin el miedo ancestral a la sotana
ni a la venganza final de Lucifer.

Pero sé, bien que sé...
que algún día también me moriré.
Si ahora vivo contento con mi suerte,
sabe Dios qué pensaré cuando mi muerte,
cuál será en la agonía mi balance, no lo sé,
nunca estuve en ese trance.

Pero sé, bien que sé...
que en mi viaje final escucharé
el ambiguo tañir de las campanas
saludando mi adiós, y otra mañana
y otra voz, como yo, con otro acento,
cantará a los cuatro vientos...

Qué suerte he tenido de nacer.

3.10 Causas del aborto espontáneo

LOGRO *13. Identifico las causas que determinan un aborto espontáneo*

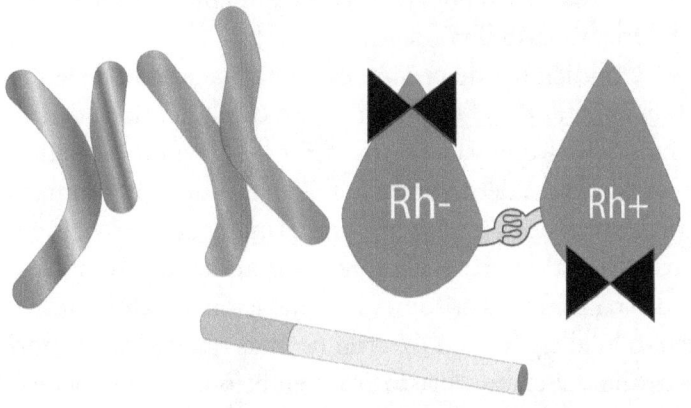

Los abortos espontáneos o aquellos en los que no ha mediado la voluntad de la gestante, los constituyen los nacimientos prematuros que se producen en forma natural y repentina cuando el embrión o feto aún no es capaz de sobrevivir fuera del útero.

Un alto porcentaje de embarazos concluye de esta manera, aunque se trate de impedirlo, sobre todo si la amenaza sobreviene en las primeras semanas de gestación. Podría entenderse como la aplicación de la ley de "selección de las especies" porque generalmente se trata de embriones muy débiles y/o mal formados que, por lo mismo, están incapacitados para afrontar todo el proceso de gestación y sobrevivir a este. Por eso es muy común oír decir a algunos médicos a las gestantes, cuando la amenaza de aborto se presenta: "Deje que la naturaleza actúe"

La mayoría de los abortos espontáneos ocurren dentro de los primeros cinco meses y con mayor frecuencia dentro de los primeros tres. No obstante, algunas mujeres pueden tener abortos sin saberlo porque ocurren en los primeros días o semanas y pasar desapercibidos como un período menstrual. Un aborto espontáneo puede darse, entre otras, por las siguientes causas:

- Anomalías cromosómicas
- Infecciones
- Problemas hormonales
- Estilos de vida nocivos, especialmente de la madre
- Incompatibilidad del factor RH
- Condiciones de presión extrema o ansiedad de la madre

Anomalías cromosómicas: un cigoto o célula inicial de la vida humana en el que ya se encuentran fusionados el óvulo y el espermatozoide, debe contar con 23 pares de cromosomas si se trata de un proceso de formación normal, pero esto no siempre ocurre, lo cual nos coloca frente a una anomalía cromosómica. La más común es la trisomía o triplicación del cromosoma 21, quedando el cigoto con 47 cromosomas que alteran el normal desarrollo del cigoto, blastocito o embrión, lo que puede conducir a una muerte prematura. Si el feto sobrevive, estaremos frente al caso de un niño (a) Down.

Infecciones agudas de la madre u otras enfermedades sistémicas como nefritis y diabetes o infecciones propias del feto, llegando a padecer a veces hidropesía fetal que termina en aborto.

Problemas hormonales, especialmente el déficit de progesterona, a veces llamada como la "hormona del embarazo" y la disfunción de la glándula tiroides, cuyas patologías alteran el equilibrio hormonal durante la gestación y afectan el crecimiento y desarrollo del embrión y el feto.

Estilos de vida nocivos de la madre: los hábitos frecuentes de una mujer como: fumar, ingerir licor y otras sustancias dañinas, inclusive el café y el té, pueden incrementar el riesgo de sufrir un aborto, al igual que una alimentación pobre en vitaminas, y el uso de medicamentos analgésicos o antiinflamatorios sin prescripción médica.

La Incompatibilidad del factor RH: tiene ocurrencia sólo cuando la pareja se forma por un hombre RH + y una mujer RH -. Esta circunstancia empieza a surtir su efecto en el primer nacimiento de un bebé RH +, al entrar en contacto la sangre negativa de la madre con la sangre positiva del bebé. Este hecho hace que la madre comience a desarrollar anticuerpos que atacarán posteriormente la sangre de futuros embriones RH +. Este ataque a la sangre de los bebés RH + destruye sus glóbulos rojos, lo cual ocasiona anemia, retardo mental y casi siempre la muerte. Ante la incompatibilidad RH, procede la consulta médica para tomar las precauciones pertinentes. Si luego del primer nacimiento o aborto los abortos se vuelven recurrentes, se puede sospechar la incompatibilidad de RH y buscar con ayuda médica su confirmación y tratamiento. Una medida preventiva es salir de dudas antes de decidir la concepción, para evitar inconvenientes previsibles con medidas correctivas anticipadas.

Condiciones de presión extrema o ansiedad: la constituyen los casos en que los estados de temor, angustia y toda clase de tensión de la madre, a veces por violencia intrafamiliar, pueden causar la muerte prematura del embrión o feto.

Indicios de un aborto espontáneo:
Sangrado vaginal y dolores intermitentes o similares a dolores menstruales, en los que a veces funciona el reposo como medida preventiva y la prescripción de hormonas y vitaminas. Cuando esto no funciona, puede ocurrir que: se expulse de manera espontánea el contenido del útero por medio de un sangrado abundante con coágulos o que el embrión o feto permanezca muerto por varios días en el útero, en cuyo caso deberá recurrirse a la

intervención quirúrgica llamada legrado o curetaje para hacer una limpieza del útero, evitando de esta manera que surja alguna infección que ponga en riesgo la salud y la vida de la gestante.

La ocurrencia de abortos espontáneos consecutivos debe conducir a esclarecer la causa y a corregirla. Algunas anomalías del útero que pueden incidir en estos, tienen corrección quirúrgica.

Consulta:

Algunos bebés sobreviven al efecto de la triplicación del cromosoma 21. Con qué nombre se conoce esta anomalía y por qué su nombre.

¿Qué características presentan los bebés que logran sobrevivir a las consecuencias de los estilos de vida nocivos de la madre?

Indaga dentro del grupo familiar o de amigos, cuántas parejas están formadas por un hombre con sangre RH positiva y una mujer con sangre RH negativa, y si han tenido abortos espontáneos por esta causa.

Realízate un examen de sangre para indagar el RH si aún no lo conoces y escríbelo. _____

Si tienes documento de identidad, allí lo encuentras.

¿Para qué otros casos médicos es requerido el factor RH?

Consulta otros casos en los que, una o varias causas de las indicadas al comienzo del tema puedan provocar abortos espontáneos.

3.11 Despenalización del aborto

LOGRO 14. Analizo las razones personales, sociales y legales que se han argumentado a favor de legalizar el aborto inducido o provocado.

La Constitución Nacional de Colombia[8] reza en su artículo 11: "El derecho a la vida es inviolable. No habrá pena

---

[8] En el caso de lectura de este material fuera de Colombia, se

de muerte"; y en su artículo 42, párrafo 6: "La pareja tiene derecho a decidir libre y responsablemente el número de sus hijos, y deberá sostenerlos y educarlos mientras sean menores e impedidos"

Uno de los derechos sexuales y reproductivos establece: "Libertad de decidir sobre el número de hijos, el espaciamiento entre ellos y la elección de los métodos anticonceptivos o proconceptivos".

Hasta mayo 11 de 2006[9], estos eran los parámetros a través de los cuáles se ejercía tímidamente el derecho a la libre maternidad. Tímidamente, porque la iglesia como ente rector de la vida espiritual siempre ha estado en contra del control de la natalidad (contrario a lo definido o conceptuado como libre albedrío) y por ende de los métodos anticonceptivos que no sean la abstinencia o castidad. Esta abierta oposición logró en gran medida que los métodos anticonceptivos más eficaces no se emplearan y que paralelamente a ello aumentara el número de hijos no deseados y, más grave aún, a los que no se les podía garantizar la subsistencia. A estos se les suma los que fueron concebidos producto de una violación a la integridad física y moral y al derecho a la intimidad, y por lo tanto, fruto de la imposibilidad de decidir libremente si se tenía o no relaciones sexuales.

La incapacidad económica para sacar los hijos adelante, tal vez más que otras causas que se fueron sumando luego, fue determinando la búsqueda de otros mecanismos de control, no ya a la concepción sino a la natalidad, y mucho menos convencionales, que con frecuencia se convirtieron en tumbas para las madres gestantes de hijos no deseados: los abortos

---

sugiere consultar sobre lo legislado en estas materias en el país correspondiente.

[9] Para el caso de Colombia, fecha en que se despenalizó parcialmente el aborto a través de un fallo de la Corte Constitucional mediante sentencia C-355 de 2006.

clandestinos con ninguna garantía de seguridad y salubridad, y a veces caseros, que se cargan en la conciencia y/o se pagan con la cárcel o con la vida.

Este hecho, que fue tornándose reiterativo y tomando las características de un problema de salud pública por el número de decesos que la práctica del aborto ocasionaba, fue generando malestar e inconformidad que motivó el análisis y consecuentes reclamos a favor de la despenalización del aborto, intentos todos fallidos hasta la fecha previamente citada.

Como consecuencia de lo anterior y en la medida en que el problema fue tomando proporciones mayores, nació el proyecto género y justicia de la ONG Woman Links World Wide de Colombia, que lideró dos demandas: la D5164 del 14 de abril de 2005 que presentaba un cuidadoso análisis de los argumentos de derecho internacional de los derechos humanos, presentada ante la corte constitucional, pero que la corte se negó a fallar argumentando fallas en la acción presentada. La respuesta de las mujeres, en cabeza de la abogada Mónica Roa, no se hizo esperar y al igual que la anterior, fue presentada la demanda D6122 a comienzos de 2006 que ajustaba los vicios de forma argumentados y se apoyaba en las recomendaciones sugeridas por el comunicado de prensa de la sentencia C1299 de 2005.

El nuevo fallo de la corte constitucional, proferido el 11 de mayo de 2006, despenaliza el aborto en tres casos especiales:
- Cuando el embarazo haya sido consecuencia de una violación
- Cuando haya una malformación grave en el feto
- Cuando el embarazo revista riesgo para la vida de la madre

Apoyado (a) en las demandas y sentencias, escribe las razones personales, sociales y legales que se argumentaron para despenalizar parcialmente el aborto en Colombia.

Personales:

Sociales:

Legales:

¿Qué requisitos establece la corte constitucional para reconocerle validez a las solicitudes de aborto en los tres casos especiales?

Argumente según lo leído, los pro y los contra del fallo proferido.

¿Por qué la problemática del aborto inseguro debe tomarse como un caso de salud pública?

Cuando una mujer aborta, ¿está ejerciendo el derecho a decidir libremente sobre su cuerpo?
Sí ___ No ___ Argumenta tu respuesta.

Cuando una mujer aborta, ¿qué papel está desempeñando el hombre responsable del embarazo?

Si hay aprobación legal de la anticoncepción, ¿se está negando a la mujer el derecho a la libre procreación?
Sí ___ No ___ ¿Por qué?

Si conocemos sobre la anticoncepción, ¿por qué razones acudir al aborto?

Por qué crees que, cuando se habla de aborto, la culpa siempre recae sobre la mujer y en qué compartes o no este hecho

Encuentra tres (3) razones que sustenten que el hombre fecundante también es responsable del aborto.

¿Qué sentido tiene el libre albedrío si se prohíbe el uso de los anticonceptivos?

¿Mi libre albedrío puede tener igual connotación si lo empleo frente a la anticoncepción que frente al aborto?
Sí ___ No ___ ¿Por qué?

Despenalizar una conducta humana no significa reconocerla o validarla como buena, o consentirla, máxime si ésta atenta contra la salud y la vida de otro o de la propia, por lo tanto, la directriz final a seguir en este caso es guiarse por la luz de la conciencia que es la última instancia a considerar si se trata de establecer los verdaderos límites de nuestros actos.

"Practicando la anticoncepción, también se ejerce el derecho a la libre paternidad - maternidad y se protege el derecho a la autonomía, a la dignidad y a la vida."

3.12 Experiencias del feto en la vida intrauterina

LOGRO *15. Reflexiono sobre la base de investigaciones acerca de las experiencias del feto en su vida intrauterina y lo que puede experimentar con la amenaza y vivencias del aborto*

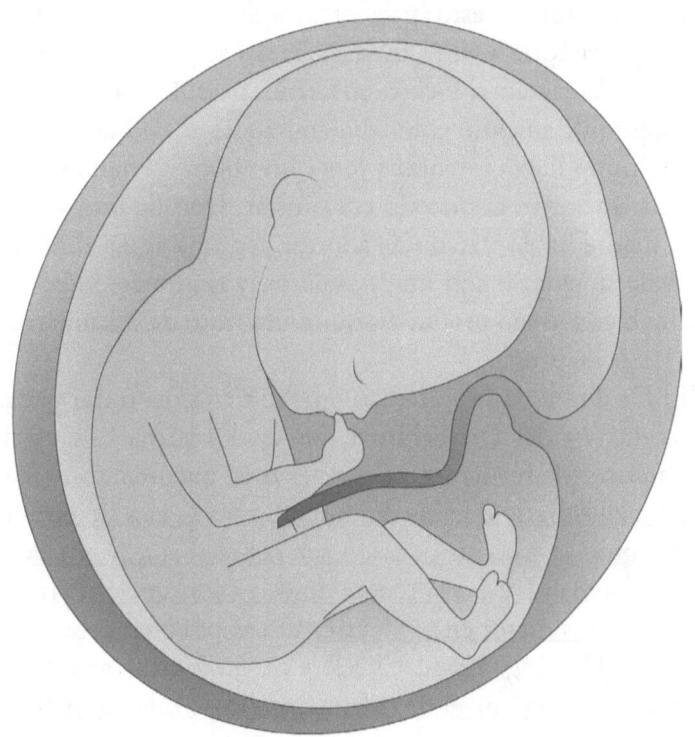

Para inducir esta reflexión, se toman las siguientes citas y fragmentos de texto, de Fabricant, Linn y Linn (2001).

"... La investigación prenatal ha demostrado que los bebés en el vientre materno, pueden: ver, oír, saborear, sentir pena, soñar y llorar. La investigación también indica que los bebés también pueden recordar...", "...en 1948, David Spelt comprobó que un feto podría aprender una respuesta condicionada a un ruido elevado y recordarlo durante tres semanas...", "...La teoría de Carl Pribran es que la memoria depende de las moléculas de proteína en una sola célula, más que de las complejas conexiones nerviosas...", "...Una de las ilustraciones más dramáticas de la memoria en el vientre, es el trabajo del psicoterapeuta Andrew Feldmar. Él tenía tres pacientes que trataron de suicidarse en la misma fecha cada año. Las fechas carecieron de sentido, hasta que el Dr. Feldmar se dio cuenta de que cada uno de estos pacientes intentaba suicidarse en una fecha que vendría a ser el aniversario del segundo o tercer mes de su presencia en el vientre materno, descubrió que la fecha de intento de suicidio coincidía con aquellas en que la madre de cada uno había intentado tener un aborto..., halló así mismo que inclusive el método era similar. Uno de los pacientes cuya madre había tratado de abortar con una aguja zurcidora, trató de suicidarse con una navaja para rasurarse. Otro cuya madre había usado productos químicos trató de suicidarse con una dosis de droga..."

"El Dr. Frank Lake...dedicó mucho tiempo a tratar pacientes como los del Dr. Feldmar, los cuales sufrían de efectos traumáticos de recuerdos prenatales o de nacimiento... Llegó a la conclusión de que los desórdenes más graves de personalidad como la psicosis podrían ser rastreados a partir de un trauma prenatal, especialmente desde la concepción hasta los primeros tres meses en el vientre. Otros psicoterapeutas tales como R. D, Ling, Kavid Cheek y D. S. Winnicott están de acuerdo en que el nivel de sufrimiento experimentado por un

<u>feto puede ser tan grande como la agonía de un adulto que preferiría cometer suicidio a recordar</u>" (el subrayado es mío)

"<u>Un psiquiatra habla de la memoria fetal como reminiscencias muy primitivas porque el feto tiene únicamente impresiones poderosas y ninguna habilidad para ordenarlas</u>, de este modo las hace especialmente "<u>intensas, difusas y penetrantes</u>" (el subrayado es mío)

"... Por estar la vida del niño en el vientre tan íntimamente ligada a la de su madre, los recuerdos del niño están conectados con las experiencias y reacciones de ella. Se puede entender esta relación psicológica estando basada en transferencias hormonales y químicas a través de la placenta. Cada emoción que sentimos produce cambios hormonales y químicos en nuestra corriente sanguínea. Cuando una mujer embarazada siente miedo, rabia, alegría, paz, etc., los cambios en su química sanguínea son compartidos con su bebé..."

"Cuando el niño está expuesto a tensión dentro del vientre materno... demostrará un nivel incrementado de su actividad que durará por varias horas...<u>El efecto en el niño puede ser tan grande que puede quitarle la vida</u>. Hay una incidencia más alta de niños nacidos muertos entre mujeres que sufren tensiones extremas durante el embarazo" (el subrayado es mío)

"Si nacen niños de madres altamente tensas, ellos tienden a ser irritables e hiperactivos y tienen poco peso al nacer, disturbios en las funciones gastrointestinales y problemas de sueño y alimentación... los síntomas persisten en la niñez y los hiperactivos bebés difíciles se convierten en hiperactivos niños difíciles... Un estudio del Dr. Stolt descubrió que una madre dentro de un matrimonio pleno de tensión corre el 237% más de riesgo de llevar un niño con problemas físicos y emocionales, que una mujer en una relación de amor... Un ejemplo es aquel de una madre de 17 años que fue obligada a casarse con el padre de su hijo y luego se encontró viviendo como la esposa de un alcohólico apaleador. Ella dejó a su marido pero él trato de forzarla a volver con él e incluso le arrojó un ladrillo por la ventana. Su hijo vomitaba sangre fresca y murió 20 horas después de su nacimiento. Una autopsia reveló tres úlceras pépticas."

"afortunadamente los bebés pueden recoger y recordar el amor y la alegría tanto como el trauma", o sea, que pueden percibir tanto amor como dolor.

Leer los siguientes dos fragmentos de texto (Alzate Z., J., 2005)

Fragmento 1:

"Esther percibió cuando su madre intentó abortarla.

... La sesión transcurrió como sigue:

- ¿Dónde se encuentra?
- En el vientre materno.
- ¿Cómo se siente?
- Mal.
- ¿Por qué?
- No sé.
- ¿Qué edad tiene?
- Tres meses. (Su rostro expresa angustia)
- ¿Sucede algo?
- Umm, me siento mal.
- ¿Qué sucede?
- Angustia.
- Ahora va a crecer en el vientre. Tiene cuatro meses
- llora. -se mueve en el diván-
- ¿Qué sucede?
- Mi mamá toma algo, es para matarme, no me quiere.
- ¿Por qué cree que quiere matarla?
- Siento que toma algo caliente, es como amargo, son bebidas, eso me hace sentir mal, me causa dolor..."

Fragmento 2:

"En el vientre percibió a su padre golpeando a su madre". "...En una regresión al vientre materno expresó angustia y exclamó:

- ¡Es horrible!, ¡Es horrible!

- ¿Qué sucede?
- Mi padre golpea con violencia a mi madre y a mí también me da patadas. Me golpeó la cintura, ¡duele!
- ¿Qué edad tiene?
- Seis meses.

"Al despertar averigüé a Julián por sus padres. Respondió que su madre adoptiva le había contado sobre el abandono que había hecho su padre a su madre cuando tenía ocho meses y medio de embarazo"

- ¿Sabía que su padre maltrataba a su mamá? –
- No, mi madre Rosa Elena me contó que fue muy malo con ella, no me dijo que la maltrataba… Él fue quien me dejó inválido… "

Vuelve y lee los apuntes anteriores.

Lee los tres fragmentos resaltados en negrita y trata de explicar por qué pueden ser más dramáticas las vivencias de los tres primeros meses de gestación, como lo expresa el segundo párrafo resaltado. Apóyate en las experiencias hipnóticas de Esther y Julián.

Según lo expuesto, ¿cuál sería la causa de la existencia de niños hiperactivos?

Imagina que eres un feto viviendo la experiencia de la falta de amor y la amenaza de un aborto. Escribe lo que sientes.

¿Cuándo crees que es más doloroso el aborto para el feto? Durante los tres primeros meses de gestación, cuando apenas percibe, o después, cuando percibe e interpreta. Sustenta tu respuesta.

¿Qué piensas acerca de las experiencias que experimentan los fetos sometidos a la tortura del aborto?

Ante un embarazo no deseado, nos queda la alternativa de dar al bebé en adopción. Consulta algunos centros de apoyo que ayudan a orientarnos en estos casos.

Hipnosis:
La hipnosis, conocida desde la antigüedad y empleada a veces por charlatanes, pero también por personas de probada seriedad, ha buscado penetrar en la mente sugestiva del ser humano para tratar de encontrar la explicación a conductas que preocupan como fobias y temores, comportamientos como comerse las uñas y otros trastornos a los que no se les encuentra mayor explicación.

Alzate Z, J., la definió como: "Una técnica que permite adentrarnos en la mente subconsciente para ponernos en contacto con el mundo de las experiencias de un sujeto cualquiera". Entre sus aplicaciones están: tratamiento de fobias, como anestesia para aislar el dolor de la mente consciente; para descubrir traumas intrauterinos como los citados; para tratar otros trastornos como las adicciones; y en la actualidad, (Diario el Tiempo, 2005): "para solucionar las secuelas de la violencia, y en casos clínicos como: migrañas, artritis, anorexia y bulimia nerviosa, impotencia sexual y vaginismo".

3.13 Experiencias post aborto

LOGRO *16. Entiendo las secuelas psicológicas del aborto sobre la base de investigaciones y experiencias de las madres que han enfrentado este proceso.*

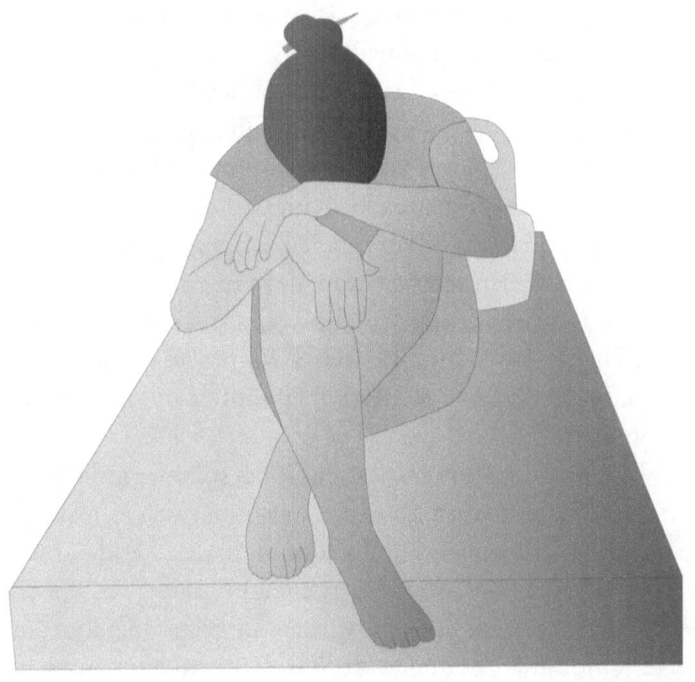

Para inducir esta nueva reflexión, se toman otras citas del libro de Fabricant, Linn y Linn (2001), ver referencias, pp. 30-33

"La angustia por un hijo abortado puede permanecer oculta y sin resolver, por la magnitud del sentimiento de culpa que va unido a aquella."

"... No obstante cuando yo (Sheila) hice un proyecto de investigación sobre los efectos psicológicos y espirituales del aborto, estaba desconcertada al encontrar que la mayoría de los estudios afirman que hay poco o ningún efecto negativo".

"... El Dr. Kent cree que el daño que el aborto produce es tan profundo que se lo reprime y raramente se lo revelará fuera de una profunda relación de confianza".

"Aparecieron otros estudios que confirman el trabajo del Dr. Kent y encontraron culpabilidad crónica "depresión de aniversario", enfermedad psicosomática, abuso de la droga y alcohol, intentos de suicidios, crisis psicóticas y otros síntomas en mujeres que tuvieron abortos".

"Tal vez el trabajo del Dr. Kent y el del Dr. Kornhaber explica por qué las mujeres que han tenido abortos y que vienen a conocer a Jesús, piden tan frecuentemente una oración de sanación. En una profunda relación de confianza con Jesús y con otros cristianos, ellas pueden empezar a descubrir y a compartir sus sentimientos y a medida que su vida interior se desarrolla, también desarrollan una conciencia de la herida del aborto. Un aborto es una herida tan profunda, que inclusive las células del cuerpo lo recuerdan cuando la mente consciente lo ha olvidado".

"... Muchos estudios indican que no solamente la pérdida de un bebé debido a un aborto... necesita sanación, sino que la pérdida misma puede ser el síntoma de una herida anterior. En el estudio del Dr. Kent mencionado antes... él encontró que en la mayoría de los casos, estas mujeres que abortaban, habían tenido madres que las rechazaban y que inconsciente o conscientemente deseaban abortarlas. El Dr. Kent cree que los abortos de sus pacientes eran una forma simbólica de suicidio: habiendo volcado el rechazo de sus madres hacía sí mismas, ahora deseaban destruirse". Es decir, el feto es la abortante y ella misma es su madre cuando quiso abortarla. Por identificación con su madre, que quiso abortarla, ella se autodestruye en el feto, con quien también se identifica a nivel inconsciente. Yo soy mi madre quien quería abortarme y el feto abortado también soy yo.

"El dolor que se siente después del aborto" (Fernández y Barandalla, 2001), lectura 6

"J. M. L. guardaba muchos secretos. Era una niña muy buena, pero profundamente amargada y triste, sin una persona en quien confiar de verdad. Durante siete años guardó un doloroso secreto. Cien veces quiso contarlo a un sacerdote amigo en quien confiaba, pero cien veces sintió temor de hacerlo. El sacerdote murió y ella se cerró más todavía. Por una de mis canciones se originó la conversación y entre lágrimas acabó contando que a los 17 años fue forzada por el miedo, a un aborto. Desde entonces, jamás fue feliz. He guardado su frase final:

- Por favor, padre, ¡No me llame asesina! Usted no sabe lo que es ser mujer en una familia como la que tengo yo...-

El dolor que sintió después del aborto es uno de los dolores más agudos que existe. Es el de la gran mayoría de las mujeres que abortan y que lo soportan en silencio.

Lo cuentan a muy pocas personas y no quieren recordarlo ni siquiera cuando confían ciegamente en alguien.

Duele en cada encuentro de un nuevo amor, en cada abrazo de un niño, en cada agresión que sufren, en cada traición de un enamorado y en cada amor que no es verdadero. El dolor que se siente después del aborto es el dolor del remordimiento sofocado que teme recaer cuando todo parecía superado. Es el dolor que ningún padre entiende y que pocas madres comprenden y nadie sabe evaluar.

Se experimenta dolor en cada recuerdo que podría haber sido diferente, pero se tenía una cabeza atemorizada y un corazón que dudaba entre ser madre u odiar la experiencia. El dolor que duele después del aborto es el de saber que hubo equivocación: el dolor que duda entre la culpa y la disculpa, pero que en el fondo es como lanza en ristre ante las caritas de los niños que besan y abrazan. Es el dolor de cada hijo que habría podido ser su hijo pero que no lo fue. ¿Por qué hablar del pecado de una niña mujer que abortó? ¿Por qué amenazar si ninguna de las que aborta olvida el trauma terrible de ser madre sin haberlo sido? ¿De haberlo concebido sin haberlo dado al mundo?

Si tenemos algo de humano, evitemos tocar este asunto con ellas a menos que ellas lo quieran. Duele demasiado cada recuerdo en el que pierden un poco más de su alegría. Es como arrancar pedazos vivos de una herida mal cicatrizada.

Si Dios castiga el aborto, la mujer que lo ejecuta se castiga más a sí misma de lo que el mismo Dios lo haría. Hablemos menos y oremos más por ellas pues ¡Sufren más de lo que se imaginan!

La simiente que no nació cobra muy caro su precio y sólo la madre que no lo fue, sabe cuál es. De cada diez mujeres que abortan, seguramente nueve lo hacen sin suficiente libertad, presionadas por un novio, un marido o por sus padres. De las que eran libres, la gran mayoría no tenía tampoco noción de cuánto le pesaría…."

"El dolor después del aborto hace muchas víctimas, pero hay dos que casi siempre mueren ese día: el feto y la madre. La única diferencia es que el feto muere en la hora en que sucede el aborto y la madre va muriendo poco a poco. Felices las que se perdonan, resucitan y más tarde se redimen asumiendo a plenitud el ser mujer…"

"El aborto es una de las ideas más contrarias a todo lo que se entiende por femenino. Por eso quien defiende el aborto no defiende a la mujer. Defiende una idea rebelde y jamás sale de ese círculo vicioso. Mujer y aborto son dos palabras opuestas que no riman, ni en esta ni en la otra vida.

También, por eso me parece que Dios perdona a la mayoría de las mujeres que un día abortaron. El 99% no sabía lo que hacían. Sólo más tarde descubrieron que se habían mutilado.

Yo voto contra el aborto, pero no como castigo a la mujer que aborta. El motivo es simple: ¡Nadie se castiga más que ella misma!"

"16 años después de aquel aborto" (Fernández y Barandalla, 2001), lectura 9

"Tenía 17 años. Era pura y yo, si fuera preciso, sustentaría esto hasta cien veces a quien quiera atacarla. Pero sucedió lo que ni ella esperaba ni creía que estuviera tan cerca. Tuvo dos encuentros con alguien de quien soñaba ser su novia, un muchacho de 26 años. Lo amaba irreflexivamente, pero no eran las relaciones sexuales la razón de su enamoramiento. Buscaba cariño, quería amor y hubo dos veces en las que perdió la cabeza... ella no sabe en cuál de las dos quedó encinta. Ahí comenzó su calvario.

Acosada por los padres que no admitían esa vergüenza en el hogar y el mal ejemplo para sus hermanitas menores; acosada por algunos parientes que dejaban escapar indirectas irónicas; acosada por las palabras piadosas de otros parientes que la creían retardada mental; acosada por un sacerdote que en vez de darle consejos y presentarse como amigo la llamó descabezada; acosada por su propio novio de no haber tenido "cuidado" y se negó a creer que el hijo fuera suyo, aunque después le propuso finalmente matrimonio, resolvió abortar. Quería al hijo, pero no tenía fuerzas para ello. Ya no tenía seguridad de nada. Sus amigos insistieron en que abortara diciéndole que no fuera "boba". El mismo novio llegó a dejarle dinero y la dirección que necesitaba. El padre y la madre reaccionaron de manera diferente: adoptarían la criatura, pero con amenazas la recluyeron prácticamente en su cuarto y nunca debería aparecer en la sala cuando llegaran las visitas. Se avergonzarían de ella, pues la noticia se había esparcido por toda la comunidad.

Terminó abortando. Fue a una "fábrica de angelitos" con su novio y abortó. El padre respiró aliviado. La madre lloró tres días. Las amigas lo encontraron muy correcto. Otro sacerdote a quien buscó fue muy comprensivo: le mostró todas las consecuencias de esa actitud para la vida de una mujer e insistió para que fuera donde un ginecólogo, ya que ciertos abortos dejan secuelas terribles en lo físico de una mujer joven. No dejó de orientarla para que jamás jugara con lo que es tan importante para ella: ser mujer.

En esa época no me encontraba allí, pero me alegré al saber lo que ese amigo sacerdote había hecho en su favor. Era precisamente lo que yo hubiera dicho. Pero su dolor era más profundo cada día y ella se castigaba con más dureza.... Vino a buscarme y lloró casi una hora sin decir nada. Se sentía mala, asesina, digna del infierno, peor que una asesina profesional, boba, indigna de ser amada. Terminaría el noviazgo aunque el muchacho quisiera casarse y estuviera arrepentido. Enflaqueció tanto que parecía otra persona; era el remordimiento...."

"Pasó dos años en ese estado, acompañada de una psicóloga amiga de su madre en quien confía profundamente. Ahora está bien, hace algunos años se casó con un hombre bueno que hoy es su alegría..."

"En estos días volvió a hablar conmigo. Vino a felicitarme por mis 20 años de sacerdocio... En la conversación me pidió encarecidamente, al saber que estaba escribiendo un libro sobre el dolor que se experimenta en la juventud: - Padre, hable de mi dolor. Aborté a los 17 años y ahora a los 33, no me he perdonado eso del todo; todavía siento el precio de ese error..."

"De los dolores de la juventud, hay uno que dura toda la vida, aunque la cicatriz esté cerrada: es el dolor del hijo que podía haber nacido y no nació"

Haz una nueva lectura reflexiva y toma apuntes sobre lo que te parezca más significativo en relación con el logro propuesto:

¿Qué le aportan a tus conocimientos o experiencias?

¿Qué enseñanzas te dejan las dos lecturas expuestas?

¿Has sido confidente o conoces de algún caso de práctica de aborto?

Sí ____ No ____ Si tu respuesta es afirmativa:

¿Qué conoces o has oído decir acerca de lo que ha expresado la persona que abortó?

¿Cómo percibes su comportamiento?

¿Qué conclusión puedes sacar sobre lo que conoces o percibes en relación con lo leído?

Un aborto es una herida tan profunda, que inclusive las células del cuerpo lo recuerdan cuando la mente consciente lo ha olvidado (ya citada, Linn y Linn 2001, pp. 30-33).

3.14 Siete procedimientos para llevar a cabo el aborto

LOGRO *17. Consulto, escribo e ilustro las siete principales formas de practicar un aborto*

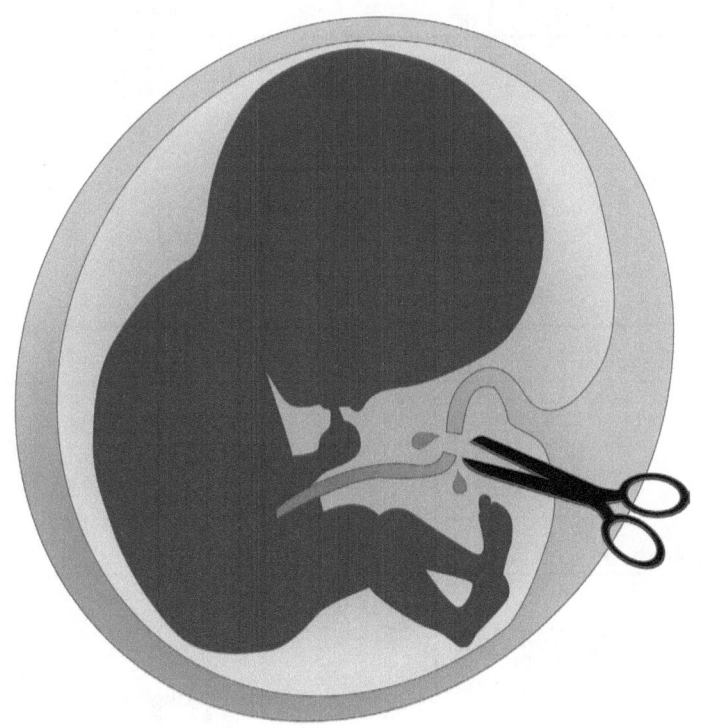

El aborto provocado podrá considerarse como una forma de control natal, pero jamás como método anticonceptivo porque el aborto destruye el fruto de la concepción.

Las siete principales formas de provocar un aborto, son[10]:

Succión o aspiración

Dilatación y curetaje

Dilatación y evacuación

Inyección salina

---

[10] Si el tema te afecta de alguna manera, puedes omitirlo

Cesárea

Prostaglandinas

Nacimiento parcial

Consultar las consecuencias de los abortos mal practicados, fundamentando, si es posible, con experiencias que conozcas, omitiendo nombres.

3.15 El juramento hipocrático de la medicina

LOGRO *18. Reflexiono sobre el impedimento de conciencia del personal médico frente al aborto*

"Juro por Apolo el Médico y Esculapio y por Hygeia y Panacea y por todos los dioses y diosas, poniéndolos de jueces, que este mi juramento será cumplido hasta donde tenga poder y discernimiento.

A aquel quien me enseñó este arte, le estimaré lo mismo que a mis padres; él participará de mi mandamiento y si lo desea participará de mis bienes. Consideraré su descendencia como mis hermanos, enseñándoles este arte sin cobrarles nada, si ellos desean aprenderlo.

Instruiré por precepto, por discurso y en todas las otras formas, a mis hijos, a los hijos del que me enseñó a mí y a los discípulos unidos por juramento y estipulación, de acuerdo con la ley médica, y no a otras personas.

Llevaré adelante ese régimen, el cual de acuerdo con mi poder y discernimiento será en beneficio de los enfermos y les apartará del perjuicio y el terror. A nadie daré una droga mortal aun cuando me sea solicitada, ni daré consejo con este fin. De la misma manera, no daré a ninguna mujer supositorios destructores; mantendré mi vida y mi arte alejado de la culpa.

No operaré a nadie por cálculos, dejando el camino a los que trabajan en esa práctica. A cualquier casa que entre, iré por el beneficio de los enfermos, absteniéndome de todo error voluntario y corrupción, y de lascivia con las mujeres u hombres libres o esclavos.

Guardaré silencio sobre todo aquello que, en mi profesión o fuera de ella, oiga o vea en la vida de los hombres que no deba ser público, manteniendo estas cosas de manera que no se pueda hablar de ellas.

Ahora, si cumplo este juramento y no lo quebranto, que los frutos de la vida y el arte sean míos, que sea siempre honrado por todos los hombres y que lo contrario me ocurra si lo quebranto y soy perjuro."

Este es el juramento que hace todo estudiante de medicina el día de su graduación como médico, un juramento casi tan antiguo como la profesión. Es un texto ético que recoge las obligaciones morales de los médicos con sus pacientes. En su forma original regula las obligaciones hacia el maestro y su familia, hacia los discípulos, hacia los colegas y hacia los pacientes. Es una tradición que se conserva en muchas universidades del mundo y sirve para que los médicos tomen conciencia de la relevancia de su papel. Actualmente hay varias versiones y, dependiendo del país y de la universidad, se usa una u otra.

El texto tiene su origen en la antigua Grecia entre los siglos V y III a.C. y es la primera forma de ética en el campo de la medicina. Su nombre se debe al médico griego Hipócrates (460-377 d.C.), considerado el padre de la medicina occidental porque fundó la medicina racional, disociándola de la magia y la filosofía, liberándola de la especulación religiosa y de la relación con lo sobrenatural, y dirigiendo su atención hacia la observación clínica cuidadosa del paciente.

De esa época son también los Tratados Hipocráticos, una recopilación de textos de más de mil páginas sobre cuestiones médicas. Los expertos consideran que estos escritos fueron redactados por los discípulos de Hipócrates y no por el propio médico. El texto se ha ido actualizando con el paso del tiempo para adaptarlo a las necesidades actuales.

Hay una versión actualizada del "juramento hipocrático" o promesa del médico que se conoce como la "Declaración de Ginebra", la cual fue adoptada por la Asociación Médica Mundial (AMM) en 1948 y ha sido revisada y enmendada en diferentes ocasiones. Este es el texto aprobado en octubre de 2017, en Chicago.

COMO MIEMBRO DE LA PROFESIÓN MÉDICA, PROMETO SOLEMNEMENTE:

DEDICAR mi vida al servicio de la humanidad;

VELAR ante todo por la salud y el bienestar de mis pacientes;

RESPETAR la autonomía y la dignidad de mis pacientes;

VELAR con el máximo respeto por la vida humana;

NO PERMITIR que consideraciones de edad, enfermedad o incapacidad, credo, origen étnico, sexo, nacionalidad, afiliación política, raza, orientación sexual, clase social o cualquier otro factor se interpongan entre mis deberes y mis pacientes;

GUARDAR Y RESPETAR los secretos que se me hayan confiado, incluso después del fallecimiento de mis pacientes;

EJERCER mi profesión con conciencia y dignidad, conforme a la buena práctica médica;

PROMOVER el honor y las nobles tradiciones de la profesión médica;

OTORGAR a mis maestros, colegas y estudiantes el respeto y la gratitud que merecen;

COMPARTIR mis conocimientos médicos en beneficio del paciente y del avance de la salud;

CUIDAR de mi propia salud, bienestar y capacidades para prestar una atención médica del más alto nivel;

NO EMPLEAR mis conocimientos médicos para violar los derechos humanos y las libertades ciudadanas, ni siquiera bajo amenaza;

HAGO ESTA PROMESA solemne y libremente, empeñando mi palabra de honor.

En la actualidad la atención médica in un bien de mercado y la medicina se debate entre el imperativo del juramento hipocrático y el mandato de las empresas aseguradoras que se preocupan por la maximización de sus utilidades. Ahora más que nunca corresponde a la profesión salvaguardar los principios humanitarios y de compromiso social de la medicina porque, más allá del juramento, lo fundamental es que los médicos no se mercantilicen y se guíen un poco más por el corazón y no tanto por el bolsillo.

En sus propias palabras, exprese la razón de ser del juramento hipocrático y las obligaciones que conlleva.

Este juramento tiene especial relevancia en lo que concierne a un concepto definido como "objeción de conciencia" que tiene mucho que ver con la profesión médica. La objeción de conciencia es un derecho que tiene que ver con las convicciones íntimas de una persona, ya sean morales o religiosas, que habilita para abstenerse de realizar determinados actos descritos en los tratados internacionales de derechos humanos.

La objeción de conciencia es la negativa a acatar órdenes, leyes o a realizar actos, invocando motivos éticos o religiosos. El principio de objeción de conciencia se refiere a la facultad que poseen los profesionales de salud para negarse a llevar a cabo una intervención, dispuesta legal o administrativamente (como aborto y eutanasia) debido a que atenta contra sus principios éticos, morales y religiosos.

¿Cree usted que la objeción de conciencia es aplicable a otras profesiones distintas de la medicina?

Sí __ No __ ¿por qué y en cuáles?

3.16 Avances en mi proyecto de vida

LOGRO *19. Reviso y complemento mi proyecto de vida*

¿Quién soy yo?

Rocío Cartagena Garcés

Mi edad:
_____

Mi género:
_____

¿A mi entera y libre elección qué quiero ser dentro de 6 años?

Escribo el porqué de tal elección:

Mis metas afectivas son:
Respecto de mis padres:

Respecto de mis hermanos y/o amigos:

Respecto de una pareja (Si es mi aspiración tenerla):

Respecto de hijos, si aspiro a tenerlos:

Mis metas académicas son:

Mis metas profesionales o laborales son:

Mis metas económicas o financieras son:

Mis metas culturales, artísticas o de autorrealización, son:

Mis metas altruistas o de ayuda a los demás son:

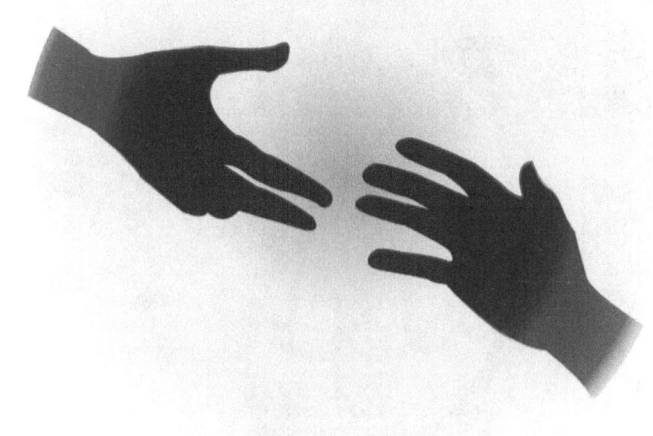

¿Qué significa para mí cumplir este proyecto de vida?

¿Qué talentos o dones poseo que me ayudan a sacar adelante este propósito?

¿Qué valores tengo que me facilitan llevar a cabo mis planes?

¿Qué asignaturas o conocimientos especiales apoyarán mejor mi proyecto de vida?

¿Qué tareas concretas requiero realizar para sacar adelante este proyecto de vida?

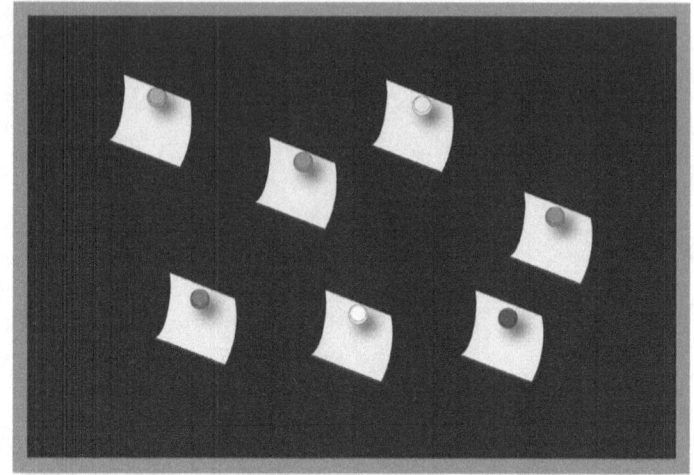

¿Soy consciente de que soy la única persona responsable de que mi propósito se realice?

Sí ___ No ___ ¿Por qué?

Enumero los dones que he recibido para elegir, dirigir y controlar mi proyecto de vida.

¿Cómo emplearé mi inteligencia en el propósito que tiene mi proyecto de vida?

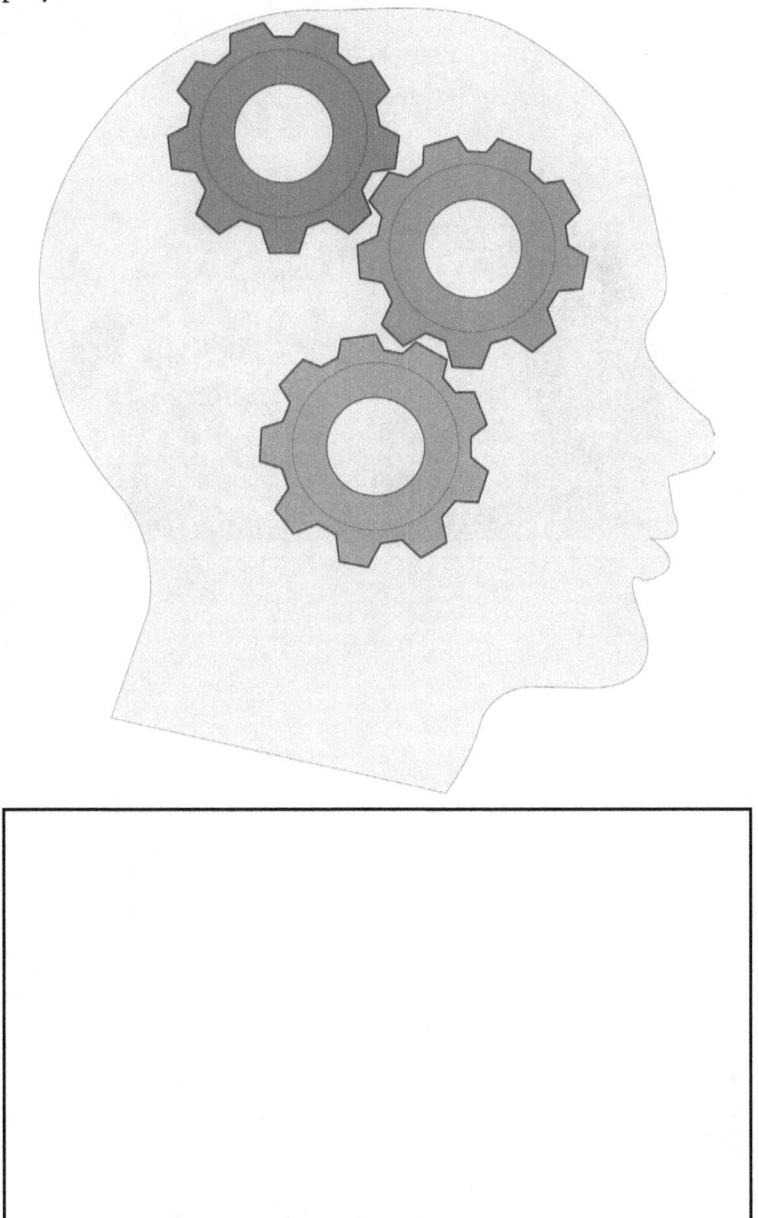

¿Cómo emplearé mi fuerza de voluntad para lograr el propósito de mi proyecto de vida?

¿Entiendo que mis padres, sustitutos u otras personas que me apoyan, no lo van a hacer siempre?

Sí ___ No ___ Sustento mi respuesta.

¿Qué es lo que me haría inmensamente feliz?

¿Qué es lo que más le agradezco a mi Creador o a la vida?

Firma de compromiso:
_____
Fecha:
_____
Experiencias que han ayudado a mi mejoramiento personal:

Logros o mejoramientos comportamentales que me satisfacen porque me han permitido mejorar como persona:

Logros académicos que me satisfacen porque me han permitido el desarrollo de mis potencialidades:

Enumero las personas que, de alguna forma, hacen parte de mis logros personales y les expreso mi gratitud:

Algunas preguntas las respondí diferente respecto de lo contestado en el grado anterior. Identifico las razones de mis cambios y las escribo.

Escribo los logros o éxitos parciales que he obtenido y que me van acercando a la realización de mi proyecto de vida.

En el taller de los grados siguientes encontrarás un ejercicio igual a este en el que podrás responder de la misma manera o en forma diferente, según hayas cambiado de idea. En caso de cambios debes justificarlos en una casilla igual a esta que encontrarás para tal efecto. También encontrarás una casilla de evaluación para que vayas anotando los avances en favor de la realización de tu proyecto de vida.

Recuerda:

El logro de tus metas depende ante todo de ti, porque en ti están la inteligencia y el poder de la voluntad para alcanzarlas.

3.17 Evaluación del taller

LOGRO 20. *Evalúo mis avances en el área, realizando la sopa de letras propuesta*

Determina la palabra que corresponde o completa cada enunciado propuesto en este logro y búscala en la sopa de letras

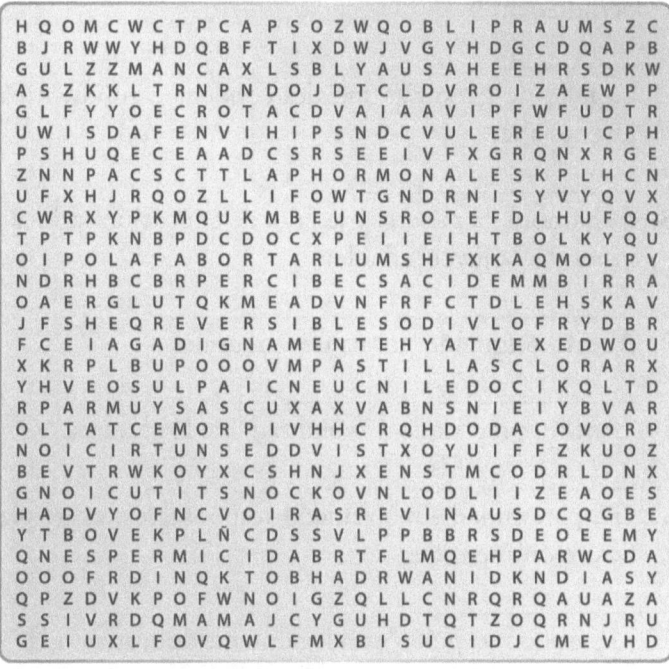

1. Evitar el inicio del proceso de la vida

   __ __ __ __ __ __ __ __ __ __ __ __ __ __ __

2. Interrumpir el proceso de formación de una vida

   __ __ __ __ __ __

3. Para algunas corrientes conservadoras, evitar la concepción es:

   __ __ __ __ __ __

4. Para algunos, concebir hijos sin garantizarles condiciones de vida digna es:

   __ __ __ __ __ __ __ __ __ __ __ __ __

5. Si poseo libre albedrío tengo posibilidad de decidir entre una y otra:

   __ __ __ __ __ __

6. Mi libre decisión y a conciencia, no debe causar daño o perjuicio a:

   __ __ __ __

7. La falta de garantías sociales condena a niños, niñas y jóvenes a la:

   __ __ __ __ __ __ __

8. El hambre, la miseria y la falta de educación induce a la niñez y a la juventud a la:

   __ __ __ __ __ __ __ __ __ __ __

9. Aborto originado por causas naturales

   __ __ __ __ __ __ __ __ __

10. Aborto practicado a "voluntad" de la gestante

    __ __ __ __ __ __ __

11. La paternidad - maternidad responsables, exige planificar el número de:

    __ __ __ __ __

12. La anticoncepción está legalmente apoyada en la:

    __ __ __ __ __ __ __ __ __ __ __ __

13. Planificar es concebir sólo los hijos que podemos sostener:

__ __ __ __ __ __ __ __ __ __

14. Los padres deben responder por sus hijos hasta cuando sean mayores de:

__ __ __ __

15. La anticoncepción busca evitar que el espermatozoide y el óvulo se:

__ __ __ __ __ __ __ __ __ __

16. La abstinencia es el método anticonceptivo más seguro y:

__ __ __ __ __ __ __

17. Muchas enfermedades de la población pobre de un país son causadas por la:

__ __ __ __ __ __ __ __ __ __ __ __

18. Los niños y niñas vinculados al mundo laboral sufren todo tipo de:

__ __ __ __ __ __

19. Los adolescentes que se vuelven padres prematuramente inducen a sus hijos a repetir la misma:

__ __ __ __ __ __ __ __

20. Todo método anticonceptivo exige el propósito firme de practicarlo según instrucciones:

__ __ __ __ __ __ __

21. Los métodos anticonceptivos se clasifican en naturales y:

__ __ __ __ __ __ __ __ __ __ __

22. Método anticonceptivo natural que se basa en la duración del intervalo del período menstrual:

__ __ __ __ __

23. Los intervalos de duración más frecuentes del ciclo menstrual son 28 y 30:

__ __ __ __

24. la ovulación ocurre una sola vez por:

___ ___ ___

25. El espermatozoide vive aproximadamente 72:

___ ___ ___ ___ ___

26. El cuerpo avisa sus procesos a través de pequeños:

___ ___ ___ ___ ___ ___ ___

27. Tiene su ocurrencia en la mitad del ciclo menstrual

___ ___ ___ ___ ___ ___ ___ ___ ___

28. En un ciclo de 28 días la ovulación ocurrirá el día:

___ ___ ___ ___ ___ ___ ___

29. El método del ritmo no es recomendado en ciclos menstruales:

___ ___ ___ ___ ___ ___ ___ ___ ___ ___ ___

30. Métodos anticonceptivos cuyos componentes químicos alteran la ovulación

___ ___ ___ ___ ___ ___ ___ ___ ___

31. Son las más comunes en los métodos anticonceptivos hormonales

___ ___ ___ ___ ___ ___ ___ ___ ___

32. Las fallas más frecuentes con las pastillas anticonceptivas son los:

___ ___ ___ ___ ___ ___ ___

33. Los métodos anticonceptivos hormonales requieren prescripción y vigilancia:

___ ___ ___ ___ ___ ___

34. Impiden la implantación del óvulo o su fecundación

___ ___ ___

35. Método anticonceptivo que se coloca en el antebrazo interno

___ ___ ___ ___ ___ ___ ___ ___

36. Ni los métodos anticonceptivos naturales ni los hormonales ni los quirúrgicos, evitan las:

__ __ __

37. El más popular, práctico y eficaz método anticonceptivo de barrera:

__ __ __ __ __ __

38. Otro nombre con el que se conoce el condón

__ __ __ __ __ __ __ __ __ __ __ __

39. Otro aporte del condón es que ayuda a prevenir las infecciones de transmisión:

__ __ __ __ __ __ __

40. Método anticonceptivo de barrera de uso femenino

__ __ __ __ __ __ __ __ __

41. Anticonceptivo químico de uso vaginal

__ __ __ __ __ __ __ __ __ __

42. Método anticonceptivo definitivo masculino

__ __ __ __ __ __ __ __ __ __

43. El uso de los métodos anticonceptivos quirúrgicos requiere de una seria:

__ __ __ __ __ __ __ __ __

44. Los resultados de los métodos anticonceptivos definitivos no son:

__ __ __ __ __ __ __ __ __ __

45. El método anticonceptivo definitivo femenino, corta y sella las trompas de:

__ __ __ __ __ __ __

46. El método anticonceptivo definitivo masculino corta y sella los conductos:

__ __ __ __ __ __ __ __ __ __

47. Carta a un niño que no llegó a nacer es una reflexión sobre el:

   __ __ __ __ __ __

48. Nombre de la autora del libro "Carta a un niño que no llegó a nacer"

   __ __ __ __ __ __

49. Siempre hay dos responsables de un aborto:

   __ __ __ __ __ __ __ __ __

50. En los abortos espontáneos, normalmente se trata de embriones:

   __ __ __ __ __ __ __

51. Casos de extrema ansiedad de la madre pueden causar la muerte del:

   __ __ __ __

52. La constitución apoya la planificación familiar o libre paternidad –

   __ __ __ __ __ __ __ __ __ __

53. Los bebés en el vientre materno pueden ver, oír, sentir pena, soñar y:

   __ __ __ __ __ __

54. Las investigaciones indican que los bebés también pueden:

   __ __ __ __ __ __ __ __

55. Traumas prenatales durante los tres primeros meses pueden explicar trastornos como la:

   __ __ __ __ __ __ __ __

56. El nivel de sufrimiento de un feto puede ser tan grande como la agonía de un:

   __ __ __ __ __ __

57. El feto tiene impresiones poderosas, intensas, difusas y:

   __ __ __ __ __ __ __ __ __ __

58. Cada emoción o sentimiento de la madre produce cambios químicos que el feto:

   —— —— —— —— —— —— —— ——

59. Emociones como temor, ira y angustia, generan en ella cambios químicos que el bebé:

   —— —— —— —— —— —— ——

60. Cuando una gestante es sometida a fuertes tensiones, el efecto puede quitarle la vida al:

   —— —— —— ——

61. Los hijos de mujeres cuyo embarazo fue altamente tenso, son:

   —— —— —— —— —— —— —— —— —— —— —— ——

62. La angustia por un niño abortado puede permanecer:

   —— —— —— —— —— ——

63. Mujeres que tuvieron abortos padecen depresión de:

   —— —— —— —— —— —— —— —— —— ——

64. Mujeres que han abortado presentan abuso de drogas, alcohol, e intentos de:

   —— —— —— —— —— —— —— ——

65. La crisis de aniversario se refiere al descontrol que sufren las mujeres en la fecha en que:

   —— —— —— —— —— —— —— —— ——

3.18 Lectura final

Carta de un bebé en gestación

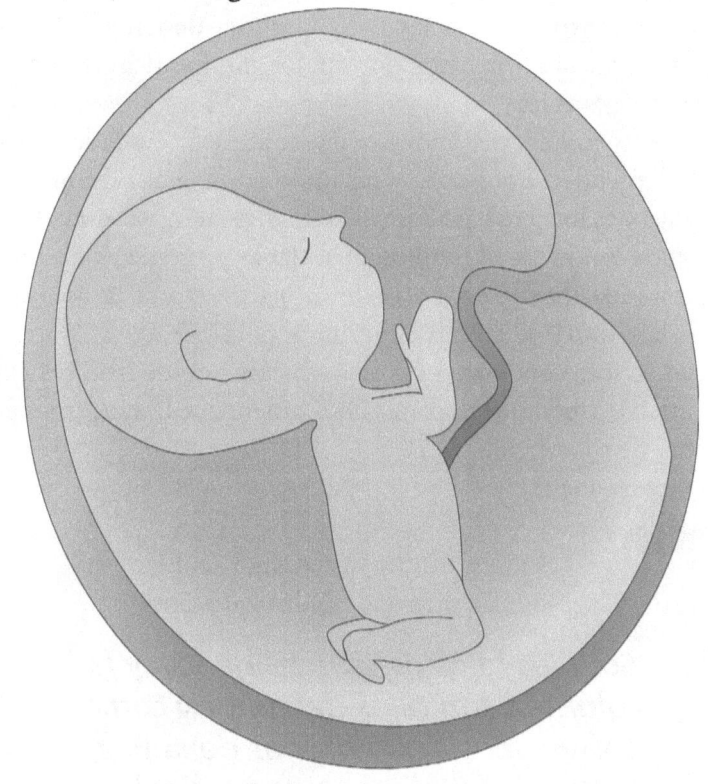

Querida mamá:

Perdóname por haber invadido tu vientre casi a hurtadillas; espero que el acto en el que me concebiste haya sido de tu libre decisión y por lo tanto lleno de ternura, responsabilidad y amor. Si no, que por lo menos hayas sido consciente de que este hecho podría suceder.

Ahora que ya conoces de mi existencia, gracias por acunar mi cuerpo y mi vida así como, en otro momento y en otro lugar, alguien acunó la tuya. Gracias por darme la seguridad de tu protección, por el amor que percibo, por la esperanza que me regalas de mirarme en la dulzura de tus ojos, de contemplar la naturaleza y en ella descubrir a Dios, de sentir tus caricias y de aprender de ti los más nobles y puros sentimientos, los cuales me inculcarás con tu paciente ejemplo.

Cuando esté en tus brazos y me colmes de cuidados y caricias, aprenderé confianza y ternura con la cual avivarás mis sonrisas y balbuceos, con los cuales te diré cuánto te amo. Con tu ayuda juntaré mis manitos para alabar y agradecerle a Dios por mi vida, por la tuya y la de mi padre, y por la de todos los bebés, papás y mamás del mundo para que, como nuestro Creador, sólo conciban a sus hijos en un acto de inteligencia, voluntad y amor, que es como Dios quiere que le ayudemos en la obra de su creación.

Amorosamente,
Tu hijo (a).

¡No más niños y niñas abortados!
¡No más hijos concebidos sin amor!

Sólo los hijos de la inteligencia y la voluntad son hijos del amor y como consecuencia son dignos de la paz, la bondad y el amor, porque saben valorar y respetar la vida.

3.19 Evaluación general

Esta evaluación es esencialmente una autoevaluación, pero incluye al final la posibilidad de emitir conceptos personales respecto del orientador del área, del taller, y de otros materiales de apoyo.

La autoevaluación y los conceptos emitidos sobre el orientador y el taller deben fundamentarse en la honestidad y en la capacidad de autocrítica para analizar, evaluar y calificar nuestros propios comportamientos, actitudes, aptitudes y avances frente a unos logros establecidos, a partir de logros o éxitos parciales.

Quedas invitado (a) a poner en práctica tu honestidad y a evaluarte con conciencia crítica, para luego emitir una calificación a las cuestiones propuestas, señalando con una "X" en la columna D, I, A, B, o E.[11]

---

[11] O su equivalente en el sistema de calificación elegido por el plantel educativo

D: Deficiente, I: Insuficiente, A: Aceptable, B: Bueno, E: Excelente

Preguntas para la autocrítica honesta	D	I	A	B	E
Mi participación en clase preguntando, respondiendo, u opinando, es:					
Mi comportamiento y mi actitud de respeto en clase, es:					
Mi compromiso y diligencia en la complementación del taller, es:					
Mi cumplimiento con tareas y actividades complementarias, es:					
Mi responsabilidad y compromiso con todos aspectos del área, es:					
La forma como asumo mi trabajo en ausencia del docente, es:					
Mi tolerancia y respeto por las diferencias, es:					
Mi preocupación por buscar asesoría frente a dudas e inquietudes, es					
Mi compresión y superación del nivel de logros, es					
Mi práctica de los valores interiorizados, es:					
La actitud y compromiso del orientador del área, es:					
Los materiales complementarios que presenta el orientador, son:					
La pertinencia y claridad de los temas propuestos, me parece:					
La cantidad de contenidos de acuerdo con el tiempo asignado para el desarrollo de la temática, es:					

Algunos aspectos en los que se puede mejorar el trabajo, son:

Debes sacar una copia de esta hoja, una vez respondida, y hacerla llegar al orientador, luego de escribir tu nombre.

Cuida y guarda este taller porque te será útil para afianzar ideas en tu grado 10° y como material de consulta en otros momentos, específicamente en ese mismo grado.

El éxito depende de tu autoestima y motivación. Te deseo muchos, pero muchos éxitos en tu siguiente grado.
¡Felicitaciones!

Referencias:

2005, Alzate Zuluaga, Javier, Hipnosis y regresiones. "Una alternativa terapéutica".

2005, Diario El Tiempo, 08 de octubre de 2005, Bogotá, Colombia.

2001, Fabricant, S., Linn, D. & Linn, M., Sanando las relaciones con bebés nacidos muertos y abortados. Pág. 13-15. Colección Iglesia No. 59. Corporación Centro Carismático Minuto de Dios, Bogotá, Colombia.

2001, Ricardo Fernández de Gaceo Viana y Javier Barandalla Manso, Ética y valores humanos, grado 10º, Migema Ediciones Ltda.

Índice

Justificación taller grado 9	7
Malla curricular	11
Logros	15
Metodología	19
Procedimiento	23
Evaluación	27
Mensajes a los estudiantes	31
1.1 Carta a los estudiantes	33
1.2 Mi quehacer como hijo, estudiante y ciudadano	39
2. Refuerzo taller n°. 8	45
3. El respeto a la vida	51
3.1 Posturas frente a la anticoncepción	53

3.2 Sentido de la anticoncepción 59

3.3 Métodos anticonceptivos 65

3.4 Métodos anticonceptivos naturales 69

3.5 Métodos anticonceptivos hormonales 79

3.6 Métodos anticonceptivos de barrera 87

3.7 Métodos anticonceptivos quirúrgicos 93

3.8 El valor de la vida 97

3.9 Consideraciones personales 101

3.10 Causas del aborto espontáneo 107

3.11 Despenalización del aborto 113

3.12 Experiencias del feto en la vida intrauterina 121

3.13 Experiencias post aborto 129

3.14 Siete procedimientos para llevar
a cabo el aborto 137

3.15 El juramento hipocrático de la medicina 141

3.16 Avances en mi proyecto de vida 147

3.17 Evaluación del taller 175

3.18 Lectura final 183

3.19 Evaluación general 185

Editorial LibrosEnRed

LibrosEnRed es la Editorial Digital más completa en idioma español. Desde junio de 2000 trabajamos en la edición y venta de libros digitales e impresos bajo demanda.

Nuestra misión es facilitar a todos los autores la edición de sus obras y ofrecer a los lectores acceso rápido y económico a libros de todo tipo.

Editamos novelas, cuentos, poesías, tesis, investigaciones, manuales, monografías y toda variedad de contenidos. Brindamos la posibilidad de comercializar las obras desde Internet para millones de potenciales lectores. De este modo, intentamos fortalecer la difusión de los autores que escriben en español.

Ingrese a www.librosenred.com y conozca nuestro catálogo, compuesto por cientos de títulos clásicos y de autores contemporáneos.

www.ingramcontent.com/pod-product-compliance
Lightning Source LLC
Chambersburg PA
CBHW021810220426
43662CB00006B/255